Otto Betz * Das Hildegard-Jahr

Otto Betz

Das Hildegard-Jahr

Mit Hildegard von Bingen
durch die Monate und Feste
des Jahres

Kösel

ISBN 3-466-36486-8
© 1998 by Kösel-Verlag GmbH & Co., München
Alle Rechte vorbehalten. Printed in Germany
Druck und Bindung: Kösel, Kempten
Umschlag: Elisabeth Petersen, München
Umschlagmotiv: Das Kosmos-Rad (Ausschnitt). Aus: Hildegard von Bingen,
Liber divinorum operum. Codex 1942, Bl. 37^r. Biblioteca governata, Lucca

1 2 3 4 5 · 02 01 00 99 98

Gedruckt auf umweltfreundlich hergestelltem Werkdruckpapier
(säurefrei und chlorfrei gebleicht)

Inhalt

Geleit durch das Jahr,
Geleit durch das Leben
9

Mit Hildegard durch das Jahr gehen
13

Januar – Der erste Monat
19

Der Anfang: Gott und das Feuer 24

Das kreisende Rad 28

Tag und Nacht, Licht und Dunkel 32

Februar – Der zweite Monat
37

Der Morgen und der Abend 42

Vom Fasten und vom Essen 44

Die Freude 48

März – Der dritte Monat
53

Gotteserfahrung in der Schöpfung 57

Jesu Leiden und Sterben am Kreuz 60

Ermutigung in der Krisenzeit 63

April – Der vierte Monat
67

Die Hochzeitsgabe des Herrenmahles 71

Ostern – das Fest der Auferstehung Christi 74

Mai – Der fünfte Monat
79

Viriditas – die schöpferische und heilende Grünkraft 83

Vom rechten Bitten 91

Pfingsten – das Fest des Heiligen Geistes 93

Gott – der Dreifaltige 97

Die Weisheit 102

Juni – Der sechste Monat
107

Der Mensch – das dynamische Wesen 111

Das Herz 115

Die Liebe 119

Juli – Der siebente Monat
123

Besinne dich auf dich selbst 127

Nicht nur dem verwehenden Augenblick leben 130

Von der Gabe der Unterscheidung 132

August – Der achte Monat
139

Über die Spaltungen in der Kirche 143

Vom Werden und Vergehen 146

September – Der neunte Monat
151

Die Berufung des Menschen 157

Musik 161

Oktober – Der zehnte Monat
165
Die Rhythmen des Daseins 168

Mann und Frau 172

November – Der elfte Monat
179
Über Schwermut und Lebensekel 183

Vom Leben und vom Sterben 188

Von Zeit und Ewigkeit 192

Dezember – Der zwölfte Monat
197
Weihnachten – Gott wird Mensch 200

Von der Vollendung 206

Hildegard von Bingen und ihre Zeit – Ein Überblick
211

Quellenverzeichnis / Abkürzungen 215

Geleit durch das Jahr, Geleit durch das Leben

Das Jahr ist nicht nur eine Aneinanderreihung von Tagen und Wochen, es stellt einen Zyklus dar und wird von sehr unterschiedlichen Zeiten geprägt. Wer die Jahreszeiten aufmerksam miterlebt, der wird in einen rhythmischen Verlauf hineingenommen: Da gibt es lange und kurze Tage, warme und eiskalte Wochen, wir erleben Stürme und Windstille, dichten Nebel und Tage mit glasklarer Sicht. Und im persönlichen Leben geht es uns nicht anders: Manchmal sind wir zuversichtlich, dann wieder kleinmütig, hie und da packt uns die Arbeitslust, dann setzt sich wieder die Trägheit durch. Ob uns das Leben gelingt und wir im Verlauf unseres

Lebensbogens eine verborgene Sinnspur entdecken können, das können wir in den Stromschnellen unseres Daseins nicht sagen, deshalb müssen wir manchmal innehalten und die letzte Wegstrecke überdenken. In der Rückschau kann uns manchmal aufgehen, dass neben den erfreulichen Ereignissen auch die unerfreulichen einen Sinn hatten, dass es auch schwere Tage geben muss, damit man die Leichtigkeit wieder entdecken kann. Der jahreszeitliche Wechsel hat seinen Sinn, in der Natur wie in unserem Gefühlsleben.

Für Christen ist das Erleben des Jahreslaufes in besonderer Weise durch das Begehen der Feste des Kirchenjahres geprägt. Jede Jahreszeit hat charakteristische Feste, die uns helfen, den Verlauf der Zeiten durch eine ordnende Struktur verstehbar zu machen. Die Jesusgeschichte und die Heilsdramatik seines Lebens, Wirkens, Sterbens und seiner Auferstehung haben sich innig mit dem Jahreslauf verbunden. Jahr für Jahr werden wir mit seiner Botschaft und den Stationen seines Lebens konfrontiert. Der Rhythmus des Jahres ist für uns mittlerweile untrennbar mit der Heilsgeschichte verknüpft.

Was nun im Werk Hildegards besonders auffällt, ist die Verknüpfung des Jahreslaufs mit unserem Lebenslauf. Sie ist ja so sehr von einer Ganzheitsschau bestimmt, dass sie die »äußeren« Dinge mit den »inneren« verbindet, die sichtbaren mit den unsichtbaren, die kleinen mit den großen, die körperlichen mit den geistigen. Wenn sie die Wachstumsprozesse in der Natur beobachtet, dann fallen ihr die Reifungsvorgänge des Menschen ein, der noch auf der Suche nach seiner wahren Gestalt ist. Die alltäglichen Vorgänge und Gegebenheiten sind ihr wichtig, weil sie das Verborgene und Hintergründige andeuten und bewußt machen können.

Mir ist es häufig so gegangen, dass ich bei den Aussagen Hildegards an die Aufzeichnungen der französischen Philosophin Simone Weil

denken musste. Sie spricht vom »Widerschein des Übernatürlichen in der Natur« und wollte einen Blick bekommen für die Transparenz alles Sichtbaren. »Sobald man das ganze menschliche Leben, das gewöhnliche, das natürliche Leben untersucht, besteht es aus einem der Intelligenz völlig undurchdringlichen Gewebe von Mysterien, die die Bilder der übernatürlichen Mysterien sind.« (Aus: Simone Weil, Vorchristliche Schau, München 1959, 152. Vgl. auch: Simone Weil, Aufmerksamkeit für das Alltägliche, München 1987)
Aus diesem Geist heraus hat auch Hildegard ihre Werke geschrieben. Sie wollte die Menschen in die Welt einführen, ihnen die Größe und Schönheit der Schöpfung aufzeigen, die uns die unfassbare Größe Gottes ahnen lassen; sie wollte aber auch die Größe des Menschen sichtbar machen, seine Berufung und Aufgabe in der Welt, seine Gefährdung und Versuchbarkeit, seine Mitverantwortung für die Schöpfung. An wie vielen Stellen ihres Werkes kommt ihre Liebe zum ganzen Reichtum der Schöpfung zum Ausdruck, ihr Mitleiden, wenn die Erde und ihre Geschöpfe misshandelt werden, ihre Freude über gelingendes Leben und sichtbar werdendes Heil.
Wie viel Lebensklugheit begegnet uns bei Hildegard; wie genau kann sie beobachten, wie scharf kann sie die Phänomene benennen, wie farbig und symbolträchtig ist ihre Sprache. Sie lässt uns teilhaben an ihrer Erfahrung und will unseren Blick weiten für die große Geschichte Gottes mit den Menschen. Aber wie kühn und oft genug unkonventionell ist auch ihr Gottesverständnis: Sie spricht von ihm nicht nur in den vertrauten Bildern – als dem Vater, dem König und Hirten usw. –, sondern sie verwendet ganz selbstverständlich auch weibliche Attribute, wenn sie etwa von der »mütterlichen Barmherzigkeit« Gottes spricht. Aber sie gebraucht auch häufig nicht-personale Symbole, um dem Gottesgeheimnis Ausdruck zu verleihen: Auch im Feuer, im strömenden

Wasser oder im stürmisch wehenden Wind kann etwas von ihm erfahren werden, im Kreis, im Rad und der Kugel kommt etwas von seiner Geheimnishaftigkeit zum Vorschein, auch die »Grünkraft« kann seine Wirkweise sein.

Dieses Buch hofft auf den besinnlichen Leser und die nachdenkliche Leserin. Es versteht sich als »Vademekum«, ein Jahresbegleiter, nach dem man immer wieder greift, um sich einen Impuls für sein eigenes Dasein geben zu lassen. In gewisser Weise werden wir von Hildegard auf einen Schulungsweg mitgenommen, sie geleitet uns, macht uns auf vieles aufmerksam und hofft, dass wir dadurch zu unserem eigenen Weg kommen und unseren Ort finden. Auch Hildegard war das Kind ihrer Zeit und nicht jede ihrer Aussagen wird bei uns sofort Verständnis und Zustimmung finden. Aber immer wieder stoßen wir auf einen Satz, einen Gedankenblitz, ein Bildwort, bei dem wir hängen bleiben und verweilen. Diese meditierende Lektüre, die den aufgenommenen Gedanken umkreist und weiterführt, ihn ins eigene Dasein hineinnimmt und auf seine Konsequenzen bedenkt, ist bei Hildegard besonders wichtig.
Wir werden eingeladen, das Jahr aufmerksamer zu durchleben, damit wir uns selbst und unserem Schicksal begegnen. Unsere Augen sollen sich öffnen, damit wir im Zeitlichen die Spuren des Ewigen vernehmen, im Irdischen den Vorausklang des Himmlischen. Hildegard fordert uns auf:

> »Wir sollen das Himmlische nicht lassen
> und das Irdische nicht verachten.«

Mit Hildegard durch das Jahr gehen

Für eine Ordensfrau ist die liturgische Feier des Tages, der Woche und des Jahres eine Selbstverständlichkeit. Der Tag wird durch das Stundengebet gegliedert und akzentuiert, die Woche bekommt durch die Feier des Sonntags und durch die Feste der Heiligen ihr Gepräge und der Jahreskreis wird durch die großen Feste und ihre liturgischen Formen gegliedert. Hildegard von Bingen war von ihrer Kindheit an dem klösterlichen Leben zugeordnet und ihre ganze Entwicklung und Prägung war durch die tägliche Mitfeier der Eucharistiefeier, durch den Chorgesang, vor allem den gregorianischen Choral, bestimmt. Das Jahr vergegenwärtigt die »magnalia Dei«, die heilstiftenden Großtaten Gottes, die an den Festen gefeiert werden.

Aber Hildegard nahm auch auf intensive Weise am Wechsel der Jahreszeiten Anteil, sie freute sich über die Blütenfülle und den Duft der Frühlingsmonate, sie nahm am Wachstum und der Entfaltung der Natur in den Sommermonaten teil und war glücklich, wenn im Herbst eine reiche Ernte an Früchten eingebracht werden konnte. Und sie stand die kalten Wintermonate durch, wenn es im Kloster sicher nicht leicht war, der Eiseskälte zu trotzen.

Und weil Hildegard es fertig brachte, alles, was sie erlebte, miteinander in Verbindung zu bringen, deshalb konnte sie im Verlauf des Jahres auch das Schicksal der ganzen Schöpfung gespiegelt sehen. Schon der Tag ist ein Gleichnis des Geschichtsverlaufs: Der Morgen steht für den Schöpfungsbeginn, der Mittag für die Entfaltung und die Fülle des Daseins, der Abend weist hin auf das Ende der Geschichte und auf die Rechenschaft, die von jedem abgelegt werden muss. In der Nacht kann niemand mehr wirken, also muss der Tag für unsere Aufgaben genutzt werden. – Auf ähnliche Weise werden wir durch den Verlauf des Jahres mit der ganzen Weltgeschichte konfrontiert: Wir erleben die Erschaffung alles Lebenden mit, durchleiden das Schuldigwerden, werden getröstet durch Gottes Langmut und durchgehaltene Liebe, bekommen Anteil am Erlösungsgeschehen durch Jesus Christus, werden auf den Weg der Kirche genommen und bekommen schon Anteil am endzeitlichen Heil.

Hildegard ist nicht nur eine Liebhaberin Gottes, sie ist auch eine Liebhaberin der Welt und des Menschen. Diese Ziele ihrer Liebessehnsucht fallen bei ihr nicht auseinander. *Weil* sie sich Gott so innig verbunden fühlt, liebt sie auch seine Schöpfung und den Menschen so innig. Der Mensch ist mit dieser Schöpfung verbunden und auf sie hingeordnet, auch von ihr abhängig. Und die Schöpfung braucht den Menschen, kommt in ihm zur Entfaltung.

»Gott hat dem Menschen die Rüstung der Schöpfung angezogen, damit er alle Welt im Sehen erkenne, im Hören verstehe und im Geruch unterscheide. Und so sollte der Mensch zur Erkenntnis des wahren Gottes kommen, der da ist der Schöpfer der gesamten Kreatur ... Gott hat die Gestalt des Menschen nach dem Bauwerk des Weltgefüges, nach dem ganzen Kosmos gebildet« (WM 152).

Und dann fügt Hildegard noch einen Abschnitt an, der es uns gleichsam erlaubt, die Betrachtung des Menschen in eine Beziehung zu setzen mit der Betrachtung der ganzen Schöpfung – und sogar die Betrachtung des Jahres einzubeziehen.

»Gott schuf den Menschen so, dass Glied an Glied gefügt, keines das rechte Maß, das richtige Gewicht überschreitet, außer nach Gottes Bestimmung. Auch sollte jedes in der Vielfalt der Gliederung sich in den Gelenken beugen können, am Hals, an den Schultern, an den Ellbogen, den Händen, an den Schenkeln und Knien und Füßen sowie der gesamten übrigen Organisation. Und wie Gott die Natur im Menschen geordnet hat, so auch die Zeiten des Jahres« (WM 152).

Das Jahr ist also ein Ordnungsprinzip, eine verlässliche Struktur, der man sich anvertrauen kann und in die sich alles Geschehen einfügen lässt. Wir werden durch das Jahr geleitet und dürfen an jedem Tag und in jeder Jahreszeit unsere Entdeckungen machen. Wir nehmen uns selbst wahr, in unserer Leiblichkeit und unserer seelisch-geistigen Existenz, wir beobachten den Verlauf des Naturgeschehens, wir werden aber auch angeleitet, alle Dinge und Geschehnisse in ihrer Transparenz zu schauen, weil alles über sich hinausweist.

»Der Mensch kennt die irdischen Belange und weiß im Spiegel des Glaubens vom Himmlischen« (WM 148).

Hildegard hat kein unkritisches Bild vom Menschen, sie weiß um seine Neigung, sich zu verschließen, sich in Sackgassen zu verrennen, die ihm gewährten Geschenke zu missbrauchen. Aber trotzdem behält sie die Hoffnung und das Vertrauen, dass der Mensch seiner Berufung treu bleibt und sein Ziel erreicht.

»Indem die Seele den Leib mit ihren Kräften durchtränkt, bewirkt und vollendet sie alle Handlungen mit dem Menschen. Der Mensch wird dabei zum blühenden Garten, in dem der Herr Seine Augen weidet« (WM 139f.).

Ein Baum setzt in jedem Jahr einen »Ring« zu, er wächst kontinuierlich, in die Höhe, in die Tiefe, in die Breite. In gewisser Weise durchläuft auch der Mensch solche Wachstumsphasen. In jedem Jahr wird er daran erinnert, dass es noch Ungeborenes und Ungestaltetes in ihm gibt, das heraustreten und wirksam werden will. In jedem Jahr kann er vielleicht auch etwas von dem verwirklichen, was gerade von ihm erwartet wird. In jedem Jahr erfährt er aber auch Misslingen und Scheitern, wird er an seine begrenzten Kräfte und an seine Endlichkeit erinnert. Hildegard ist davon überzeugt, dass Gott die Zeiten recht geordnet hat, der Rhythmus des Tages und der Rhythmus des Jahres: Wir finden sie vor und sie strukturieren unser Dasein.

»Mir dem Sommer gab Er einen Hinweis auf den wachenden Menschen, mit dem Winter auf den Schlaf« (WM 153).

In diesem Buch haben wir uns Hildegard als Begleiterin durch das Jahr (und durch das Leben) gewählt. Wir horchen auf das, was sie uns zu den Jahreszeiten, zu den Festen und zu vielen anderen Fragen zu sagen hat. Ihre Texte sollen hier nicht kritisch befragt und analysiert, sondern aufgegriffen und »umspielt« werden. Ihre große Lebensklugheit und ihre geheimnisvolle Schaukraft können auch uns helfen, den eigenen Weg besser zu finden und die Rätsel unserer Existenz zu lösen. Und ihr starker Glaube (mit »brennender Vernunft« gepaart) verbreitet so viel Licht, dass auch wir noch etwas Helligkeit mitbekommen. Hildegard hat ihr erstes Buch (»Wisse die Wege«) mit dem Satz beschlossen:

»Wer scharfe Ohren hat, mit innerem Sinn zu hören, der lechze in der brennenden Liebe zu meinem Lichte nach diesen meinen Worten und schreibe sie im Wissen seiner Seele nieder« (WW 358).

An den Schluss ihres dritten großen Visionsbuches (»Welt und Mensch«) hat sie die Worte gesetzt:

»Diese Worte sollen die Gläubigen in der Demut ihres Herzens aufnehmen, weil sie zum Nutzen der Gläubigen kundgetan wurden von Dem, der da ist der Erste und der Letzte« (WM 318).

Das »Buch der Lebensverdienste« schließlich endet:

»Und der gläubige Mensch achte darauf, und er halte es ganz fest im Gedächtnis seines guten Gewissens« (MV 293).

Januar

Der erste Monat

»Im ersten Monat erhebt sich die Sonne wieder. Doch zeigt er sich kalt und feucht, voll Widerspruch und schwitzt das in weißen Schnee verwandelte Wasser aus. Seine Eigenschaften gleichen dem Gehirn« (WM 153).

Das erste, was vom Januar zu berichten ist: Die Sonne nimmt allmählich wieder an Kraft zu, sie erhebt sich vom Tiefpunkt und steigt in kleinen Schritten hinauf zu ihrer beherrschenden Position. Und weil Hildegard immer in Zusammenhängen denkt und schreibt, fällt ihr beim Januar sofort die erste Lebensphase des Menschen, die Kindheit, ein.

»Die Seele wirkt voller Freude in der Kindheit des Menschen, jener Zeit, die noch keine Arglist kennt und fleischliche Lust nicht spürt. Noch wird sie ja nicht genötigt, wider die eigene Natur zu handeln. In solcher Kinderzeit, deren Wunschleben so einfältig und unschuldig erscheint, zeigt sich die Seele in ihrer ganzen Kraft.«

Der Jahresbeginn erinnert uns also an die Anfangsphase unseres Lebens. Es ist gut, sich auf die Anfänge zu besinnen, weil da alles noch voller Möglichkeit ist, die Kräfte sind unverbraucht, die Weichen noch nicht in eine falsche Richtung gestellt.

»Wie aber die Sonne sich im ersten Monat wieder erhebt, so ist auch die Seele in diesem frühen Lebensalter nicht verstockt und nicht völlig verdunkelt. Doch besteht die Gefahr, dass bei solchem Tun in sündiger Lust der Mensch in seiner wankelmütigen Gesinnung nach und nach in eine innere Verhärtung von Schmutz und Eitelkeit kommt, zumal ihm die Heiligkeit des rechten Tuns fehlt.«

In der frühen Kindheit entscheidet sich so viel, wir wissen das heute durch viele Erkenntnisse der Entwicklungspsychologie. Aber auch schon

Hildegard wies darauf hin, das Wunschleben und die Sehnsüchte der Kinder ernst zu nehmen, aber die Seele des Kindes vorsichtig zu leiten, damit sie nicht verstockt und verhärtet. Sie weiß, wie wichtig »Belehrung und Ermahnung« sind, damit immer wieder eine Kurskorrektur möglich wird und eine Reinigung des Gemütes.

Verwunderlich ist für unser Empfinden, dass Hildegard den Januar in eine Beziehung zum Gehirn setzt. Deshalb empfiehlt es sich zu erkunden, wie sie die Wirksamkeit des Gehirns sieht und deutet.

»Durch die Kräfte des Gehirns wird der gesamte Körper zusammengehalten, so wie die Sonne das Obere und Untere kräftigt. Die Sonne leuchtet oben wie unten und umkreist mit Ausnahme der Nordseite das ganze Firmament« (WM 100).

Das Gehirn hat also eine verbindende Kraft, es koordiniert die verschiedenen Organe und Sinnesfunktionen. Um diese Tätigkeit zu veranschaulichen, weist Hildegard auf die Bedeutung und die Wirksamkeit der Sonne hin; ohne sie können wir uns das Leben auf unserer Erde nicht vorstellen, sie sorgt für den Wechsel von Tag und Nacht, von Sommer und Winter. Sie erweckt alles zum Leben.

»Ist die Sonne es doch, die vom Höchsten bis zum Tiefsten dem menschlichen Organismus Kraft und Maß verleiht, indem sie zumal das Gehirn kräftigt, damit es kraft seiner Einsicht auch die übrigen Funktionen des Körpers beherrsche und als der oberste Teil des Menschen mit seiner Sinnesausstattung alle inneren Organe durchdringe, wie auch die Sonne die Erde erleuchtet« (WM 53).

Die Sonne mit ihrer Lichtkraft ermöglicht also auch die Tätigkeit des Gehirns. Aber auch der Mond hat seine Bedeutung.

»Ist der Mond im Wachsen, dann vermehren sich auch das Gehirn und das Blut im Menschen. Nimmt der Mond wieder ab, so vermindern sich auch Gehirn- und Blutsubstanz im Menschen ... Wenn der Mond voll ist, ist auch das Menschengehirn aufgefüllt. Der Mensch ist dann im Vollbesitz seiner Sinne ... Wenn der Mond völlig ausgeglichen steht, dann hat auch der Mensch in seinem Gehirn volle Gesundheit; er blüht in voller Sinneskraft« (WM 54f.).

Hildegard weiß um die Einflüsse von Sonne und Mond auf Seele und Leib des Menschen, sie weiß, wie schwierig es ist, zu einem Gleichgewicht zu kommen und nicht den Extremen zu verfallen. Auf ihre bildhafte Weise verdeutlicht sie, wie angewiesen das Gehirn auf die Information der Sinne ist; die erst ermöglichen es ihm, zur Erkenntnis zu kommen und die rechten Entscheidungen zu treffen.

»Am Haupte des Menschen,
wie am Rund eines kreisenden Rades,
befindet sich der Scheitelpunkt des Gehirns,
auf das hin eine Leiter angelegt ist,
die verschiedene Stufen des Aufsteigens hat,
so mit den Augen im Sehen,
mit den Ohren im Hören,
mit der Nase im Riechen,
mit dem Mund im Sprechen.
Mit diesen Sinnesorganen schaut der Mensch alle Schöpfung,
erkennt sie, unterscheidet sie,
teilt sie auf und gibt ihr die Namen« (WM 85f.).

Erkenntnis setzt also die kluge Erfahrung der Wirklichkeit voraus, die Einzelheiten der Sinneseindrücke müssen sondiert und geordnet werden, damit sie uns zu den rechten Entscheidungen verhelfen.

»Das Gehirn des Menschen ... gibt dem ganzen Körper seine Empfindung wie auch die grünende Lebenskraft. Damit weist es auf die Kräfte der Sonne hin ..., die der Erde über die nützliche Süße des Taues und im Regen immer wieder diese Grünkraft sendet und die Geschöpfe des ganzen Erdenrundes mit ihrer Kraft stärkt und sie mäßigt« (WM 93).

Die »Viriditas« – als vorwärtsweisende Lebenskraft – macht Mut, gibt Zuversicht und ermöglicht den notwendigen Ausgleich zwischen den Gegensätzen. Und weil das göttliche Wirken immer in Verbindung gesetzt wird zu den Wirksamkeiten der Natur, deshalb kann man sich die Tätigkeit des Gehirns auch als das Wehen eines Geistwindes vorstellen.

»Wenn der Geistwind des Erkennens im Gehirn in Bewegung gesetzt wird, steigt er vom Gehirn in die Gedanken des Herzens nieder; und so wird das Werk, das gewollt, vollendet. In ihrer Erkenntniskraft ist die Seele nämlich wie ein Säer; sie sät, was als Werk der Gedanken ausgeführt wird; sie kocht es durch mit ihrer Feuersglut; sie macht es schmackhaft für den, der es wissend erprobt« (WM 167).

Der Januar ist das Haupt des Jahres, vielleicht hat deshalb Hildegard diesem Monat das Gehirn im Kopf des Menschen zugeordnet. Der

Anfang ist so wichtig für ein Werk, auch für ein Menschenleben. Wenn schon der Einstieg misslingt, muss befürchtet werden, dass auch der weitere Verlauf in die Irre führt. – So muß auch der Anfang des Jahres sorgsam bedacht werden, wenn sich das Jahr zum Guten wenden soll.

Der Anfang: Gott und das Feuer

»Ich, die höchste und feurige Kraft, habe jedweden Funken von Leben entzündet, und nichts Tödliches sprühe ich aus. Ich entscheide über alle Wirklichkeit. Mit meinen höheren Flügeln umfliege ich den Erdkreis: Mit Weisheit habe ich das All recht geordnet. Ich, das feurige Leben göttlicher Wesenheit, zünde hin über die Schönheiten der Fluren, ich leuchte in den Gewässern und brenne in Sonne, Mond und Sternen. Mit jedem Lufthauch, wie mit unsichtbarem Leben, das alles erhält, erwecke ich alles zum Leben. Die Luft lebt im Grünen und Blühen. Die Wasser fließen als ob sie lebten. Die Sonne lebt in ihrem Licht, und der Mond wird nach seinem Schwinden wieder vom Licht der Sonne entzündet, damit er gleichsam von neuem auflebe. Auch die Sterne geben aus ihrem Licht, wie wenn sie lebten, klaren Schein. Die Säulen, die das ganze Erdenrund tragen, habe ich aufgerichtet und ebenso die Windkräfte ... Und so ruhe ich in aller Wirklichkeit verborgen als feurige Kraft. Alles brennt so durch mich, wie der Atem den Menschen unablässig bewegt, gleich der windbewegten Flamme im Feuer. Dies alles lebt in seiner Wesenheit, und kein Tod ist darin. Denn ich bin das Leben« (WM 25f.).

Dieses machtvolle Offenwerden der göttlichen Anfangskraft steht am Beginn des dritten Visionsbuches Hildegards (»Liber divinorum operum«). In ungemein eindrucksvollen Bildern gibt sich Gott als der Urheber der ganzen Schöpfung zu erkennen; es ist eine Schöpfung aus dem Feuer, einem Feuersturm der Liebe und Selbstmitteilung. Gott der Anfanghafte will, dass Leben entsteht, dass es sich weiter entfaltet und im Blühen und Fruchtbringen zur vollen Schönheit ausweitet. Alles, was existiert, kommt aus diesem Liebesfeuer und partizipiert an dieser göttlichen Seinskraft.

»Gott ... ist das alleinige Leben, aus dem alles Leben atmet, wie ja auch der Sonnenstrahl aus der Sonne stammt, und Er ist das Feuer, von dem jedes Feuer, das sich auf die Seligkeit richtet, angezündet wird, gleichwie die Funken vom Feuer ausgehen« (WM 200).

Und weil Gott als das urtümliche Feuer verstanden wird, deshalb haben alle Geschöpfe, die von diesem Feuer herkommen, etwas Feuerhaftes in sich, einen Lebensfunken, der ihnen die eigene Existenz vermittelt.

»Alle Lebewesen sind gleichsam Funken der Strahlung Seines Glanzes, die Ihm wie die Strahlen der Sonne entströmen ... Die lebenden und brennenden Funken setzte Er zum Glanze Seines Ansehens ... Es gibt kein Geschöpf, das nicht irgendeinen Strahl hätte, sei es das Grün oder der Samen, die Blüten oder die Schönheit, sonst wäre es kein Geschöpf« (WM 83f.).

Im Menschen ist es die Seele, die als lebendiges Feuer den Körper durchdringt und belebt. Aber es ist nicht nur das pure Dasein, das die

Menschen geschenkt bekamen, ihnen wurde noch das Feuer der Liebesfähigkeit und das Feuer der Erkenntnis gewährt. Ihre Vernunft, die Kraft der Einsicht und der bewussten Existenz, ist ebenfalls eine Auswirkung der göttlichen Feuerkraft.

»Und Gott erleuchtete den Menschen mit dem lebendigen Geisthauch. Dieses wunderbare Gebilde festigte Er noch auf zweierlei Weise, auf dass es gleichsam Feuer und Flamme sei: das Feuer in seiner Seele und die Flamme, die daraus flackert, in der Vernunft. Die Flamme der Vernunft aber wusste, wo sie mit dem Kusse des Auswählens wirken sollte. Das ist ja die Erkenntnis von Gut und Böse ... Diese beiden Kräfte legte Gott in das gebrechliche Gefäß, damit er das wirke, was ihm zum Nutzen gereiche. Und wie das Feuer die Flamme in sich hält, so besitzt auch der vernünftige Mensch in sich das Vermögen zu handeln« (WM 284).

Wo Leben ist, wo sich der Geist zeigt und die Formen des Daseins entfalten, da ist das Gottesfeuer am Werke, das Feuer fördert die Schöpfung und bringt sie ihrem Ziel entgegen. Nicht umsonst wird ja der Geist Gottes vornehmlich als Feuer verstanden und kommt in Feuerzungen auf die Menschen nieder.

»Wer zu seinem Schöpfer aufblickt und spricht ›Mein Gott bist Du –‹, der zündet durch das Feuer des Heiligen Geistes seinen Lobpreis an, um ihn zu vermehren, wie auch die Funken des Feuers vermehrt werden« (WM 284f.).

Und wer von diesem göttlichen Funken getroffen wird und sich dadurch verwandeln lässt, der muss das Feuer weitertragen und übernimmt

Aufgaben in der Schöpfung, die den Anfangsimpuls weiterführen. Hildegard sieht in den Heiligen in besonderer Weise solche »Feuerträger«.

»Gott fand ein winziges Fünklein, und das entfachte Er mit Seinem Feuer. Das ist *Paulus,* in dem Er viele Wundertaten wirkte. Sowohl in den stürmischen und aktiven als auch in den sanften Menschen vollendet Er Seine Zeichen, damit das Volk sie nicht ablehnt und sagt, Er wirke allein in den Guten Seine Wunderwerke ... Paulus war wie ein Berg an hoher Gesinnung, tapfer wie ein Leopard ... Einen Funken des Glaubens fand der Heilige Geist in ihm« (WM 289f.).

Gott steht als der Feuerhafte am Anfang, das Ursprungsfeuer bewirkt den weiteren Verlauf der Schöpfung, und auch der Mensch hat eine »Feuerkugel« als Lebensprinzip eingesenkt bekommen, damit er sich entfalten kann und sich auf das göttliche Feuer hin zubewegt.

»Die Feuerkugel ist die Seele die da brennt im Feuer tiefer Erkenntnis ... Sie erfüllt das Herz mit jener Kraft, die gleichsam das Fundament des Körpers ist und den ganzen Leib durchherrscht, wie das Firmament des Himmels das, was unten ist, zusammenhält und das, was oben ist, verhüllt. Die Feuerkugel berührt das Gehirn ..., da sie Gott kostend erkennen darf. Und sie ergießt sich durch alle Glieder, denn sie ist es, die dem Mark, den Adern und allen Teilen des Leibes die Lebenskraft verleiht, ähnlich wie der Baum aus seiner Wurzel allen Zweigen Saft und Kraft mitteilt« (WW 130).

Das kreisende Rad

»Die Gottheit ist in Ihrem Vorherwissen und ihrem Wirken, gleich wie ein Rad, ein Ganzes, in keiner Weise zu teilen, weil Sie weder Anfang noch Ende hat und von niemandem begriffen werden kann; denn sie ist ohne Zeit. Und wie ein Kreis das, was in ihm verborgen ist, in sich schließt, so schließt auch die Heilige Gottheit unbegrenzt alles in sich und übertrifft alles. Denn noch keiner konnte Sie in Ihrer Macht zerteilen noch überwinden noch vollenden« (MW 37).

Wie könnte man über Gott direkte Aussagen machen? Alles, was der Mensch über das Geheimnis Gottes auszusagen versucht, hat Bildcharakter, ist eine Annäherung, die sich des Symbols bedient. Die Kreisgestalt und das Rad sind Hildegards bevorzugte Bilder, die etwas von der Lebendigkeit und Bewegtheit Gottes verdeutlichen können, ohne ihn zu vermenschlichen und ohne unsere Phantasie zu sehr festzulegen. Das kreisende Rad versinnbildet Bewegung und Ruhe, es ist eine »Ganzheitsgestalt«, auf eine Mitte bezogen und gleichsam in alle Richtungen wirkend. Und ganz besonders weist es darauf hin, dass Gott nicht dem zeitlichen Wandel unterworfen ist, sondern dass er die Zeit umgreift.

Weil Gott aber die Schöpfung »nach seinem Bild« geformt hat, deshalb kann man auch in der sichtbaren Welt die kreisenden Bewegungsformen beobachten. Die Schöpfung weist auf ihren Schöpfer hin, das Sichtbare macht etwas vom Unsichtbaren erkennbar.

»Einen kreisenden Kreislauf hat dieses Firmament, als ein Gleichnis der Macht Gottes, die weder Anfang noch Ende hat, und niemand vermag zu erkennen, wo das kreisende Rad begänne, wo es ende. Gottes Thron ist ja Seine Ewigkeit, in der er alleine sitzt, und alle Lebewesen sind gleichsam Funken der Strahlen Seines Glanzes, die Ihm wie die Strahlen der Sonne entströmen« (WM 83).

Die Kugelgestalt kann am ehesten die Vollkommenheit versinnbilden. In ihrer kosmischen Vision sieht Hildegard die Erde als eine solche Kugel, die sich inmitten des kreisenden Weltganzen befindet, sie wird darin gehalten und immer wieder befruchtet, damit sie sich erneuern kann und ihrem Ziel entgegenzugehen vermag.

»Die Kugel inmitten des Kreises aus der dünnen Luft ... stellt die Erde dar, die inmitten der übrigen Weltstoffe existiert, damit sie von allen richtig geleitet werde. Sie wird von ihnen ringsum gehalten, ist mit ihnen verbunden und empfängt von ihnen ununterbrochen zu ihrer Erhaltung die grünende Lebensfrische wie auch die Fruchtbarkeit« (WM 43).

Es besteht eine geheimnisvolle Übereinstimmung zwischen dem verborgenen Gott, der nur im Symbol des Rades und des Kreises vorgestellt werden kann, und dem kreisenden Kosmos, in dessen Mitte die kugelgestaltete Erde existiert. Im Kosmosrad kann das »göttliche Rad« ahnungshaft wahrgenommen werden. Und die Ewigkeit speist die aktuelle Zeit, aus dem ewigen Rad fließt uns die Gegenwart des jetzigen Augenblickes zu.

»Der Anfang und das Ende eines Rades mit gleichem Umlauf können vom Menschen nicht unterschieden werden« (WM 270).

Wenn die Erde die Mitte des kosmischen Rades ist, dann versteht Hildegard den Menschen als die Mitte dieses Erdenrundes.

»Mitten im Weltenbau steht der Mensch. Denn er ist bedeutender als alle übrigen Geschöpfe, die abhängig von jener Weltstruktur bleiben. An Statur ist er zwar klein, an Kraft seiner Seele jedoch gewaltig. Sein Haupt nach aufwärts gerichtet, die Füße auf festem Grund, vermag er sowohl die oberen als auch die unteren Dinge in Bewegung zu versetzen« (WM 44).

In der leiblichen Gestalt des Menschen sieht Hildegard besonders im Kopf eine Annäherung an den Kreis. Und weil sie ja immer auf das Sichtbare und sinnenhaft Wahrnehmbare achtet, deshalb stellt sie gerade diese Analogie deutlich heraus.

»Am Haupte des Menschen, wie am Rund eines kreisenden Rades, befindet sich der Scheitelpunkt des Gehirns, auf das hin eine Leiter angelegt ist, die verschiedene Stufen des Aufsteigens hat« (MW 85f.).

Diese Leiter vermittelt dem Gehirn die Information der verschiedenen Sinnesorgane. Das »Schaltzentrum« des Kopfes hat Verbindung zur Außenwelt, die Sinne vermitteln alles, was der Mensch zu seiner Orientierung braucht. So ist es besonders der runde Kopf, der ein Abbild der »göttlichen Kreisgestalt« darstellt, aber auch das kosmische Rad mit seiner Ausgewogenheit und Harmonie klingt mit an.

»Im Rund des menschlichen Kopfes wird die Rundung des Firmaments gezeigt, und in den rechten und ausgewogenen Maßen dieses Kopfes spiegelt sich das rechte und ausgewogene Maß des

Firmaments. So hat der Kopf rundum sein rechtes Maß, wie auch das Firmament im gleichen Maß gegründet ward, damit es von jedem Teil aus den rechten Umlauf finde und kein Teil den anderen in unangebrachter Weise überschreite« (WM 87).

So werden also das Rad, der Kreis und die Kugel zu den wichtigsten Symbolen, um die Korrespondenz zwischen Gott und seiner Schöpfung und zwischen Gott und Mensch zu veranschaulichen. Hildegard ist sich bewusst, dass sie sich einer Bildsprache bedient. In ihrem ersten Werk »Sci vias« hatte sie sich noch des Bildes vom Ei bedient, um den Kosmos deutend darzustellen, in ihrem Werk »Liber divinorum operum« sind es dann vor allem das Rad und der Kreis. Aber alle Bilder und Symbole, so wichtig sie uns auch sind, haben doch immer nur eine begrenzte Aussagekraft.

»Keins von diesen beiden Bildern verkörpert die Weltgestalt insgesamt, weil diese Welt ja rundum heil und rund und kreisend ist. Solch eine Kugel aber, rund und kreisend, gleicht noch am ehesten in allen Einzelheiten jener Weltgestalt« (WM 38).

Diese Gestaltwahrnehmung ist es, die wir in besonderer Weise von Hildegard lernen können. Sie stößt auf eine Grundfigur unserer Welt und sieht in diesem Phänomen ein urtümliches Bild, das uns die Geheimnisse Gottes und seiner Schöpfung erschließen kann. Alle Bilder haben vorläufigen Charakter – und dennoch öffnen sie uns die inneren Augen für das, was hinter allem Sichtbaren steht.

»Gott ist rund, einem Rade ähnlich. Alles schafft Er; das Gute will und vollendet Er. Denn Gottes Wille hatte alles verbreitet, was Gottes *Wort* geschaffen« (WM 184).

Tag und Nacht, Licht und Dunkel

»Der Eifer im Guten ist wie der Tag, an dem man alles erwägt, die Trägheit aber wie die Nacht, in der man nichts sieht. Wie aber auch die Nacht noch oft vom Mond erleuchtet wird, bei seinem Schwinden aber ganz verdüstert ist, so sind auch die Taten des Menschen durcheinander gemischt, so dass sie bald leuchtend sind, bald dunkel. Wirkt die Seele, vom Körper gezwungen, mit ihm gemeinsam das Böse, dann verdunkelt sich ihre Kraft, da ihr das Licht der Wahrheit fehlt; fühlt sie sich daraufhin in Sünden gedemütigt, erhebt sie sich wieder gegen den Willen des Fleisches, das sie nunmehr bedrängt und dessen schlechte Taten sie nun hemmt. So erhebt sich das Licht der Glückseligkeit über die Nacht der Sünden« (WM 94).

Unser Leben ereignet sich in Rhythmen. Tag und Nacht wechseln miteinander ab, Zeiten der Aktivität mit Zeiten der Ruhe und des Schlafes. Die Sonne scheint nicht immer, aber auch die Nacht hat ihre Leuchten. Wenn Hildegard über diesen regelmäßigen Wechsel der Tageszeiten nachdenkt, dann fallen ihr die Schwankungen der Seele ein, die Wandelbarkeit des Herzens, die Unruhe unserer Triebkräfte. Nun wird aus dem Tag die Zeit der klaren Überlegung, der sicheren Erkenntnis, die Nacht dagegen zu der Phase der Verunsicherung, des Getriebenwerdens und des Schuldigwerdens. Aber es kommt ja auch wieder der neue Tag, an dem man sich erheben kann, um wieder zu beginnen und sich in der Kraft Gottes auf den Weg zu machen.

Aber die Nacht ist bei Hildegard nicht immer der dunkle und bedrohliche Zeitraum. Mindestens der eben geschaffene Adam sollte die beiden Seinszustände des Wachens und des Schlafens als die beiden Seinszustände der paradiesischen Wonne erfahren.

»Als Adam noch ein einfältiges und leuchtendes Kind war, lebte er in einer Phase des Wachens und einer des Schlafens. Durch den wachen Geist sollte er die Welt spüren, und im Schlaf sollte das Fleisch erquickt werden. Auf diese Weise ward er in eine unwandelbare Erde der Wonne geführt, auf dass er durch seinen Geist zur Erkenntnis der Unsterblichkeit gelange und mit dem äußeren Gesicht seiner Augen auch das Unsichtbare gewahre« (WM 259).

Wir leben nicht im Paradies, deshalb hat auch die Nacht für uns einen anderen Charakter: Sie wird häufig als bedrohlich empfunden und ruft unsere Ängste herauf. Wir fürchten, von ihr verschluckt zu werden. Aber die Nacht hat auch ihre positiven Seiten, weil uns gerade im nächtlichen Dunkel Einsichten geschenkt werden können, die wir für den Tag nötig haben. Der Äbtissin Adelheid von Gandersheim schrieb Hildegard in einem Brief:

»Das hell strahlende Licht spricht zu dir: Der Tag überragt die Nacht, und die Nacht redet Weisheit. Wie ist das zu verstehen? Der Tag bietet dem Sehen und Hören dar, was Grund zu Freude und Frohlocken ist. Die Nacht birgt sehr viele Pläne in zahlreichen nützlichen Unternehmungen und spannt sich nach dem Tag aus. Zuweilen aber eilt ein Unwetter voraus, und hernach erscheint ein klarer Tag« (B 102f.).

Hier kommt wieder die – man möchte sagen verschmitzte – Klugheit Hildegards zum Vorschein. Natürlich liegt uns besonders am Licht des Tages, so sagt sie, aber die Nacht hat ihre eigene Sprache: Da geht es nicht um Wirksamkeit und aktives Handeln, sondern um Nachdenken, um Hinhorchen. Und es meldet sich nicht ein Nützlichkeitsdenken, sondern eher eine verborgene Seite unserer Seele. Und diese heimliche Kunde der Weisheit hält vielleicht mehr Weisungen und Hilfen bereit als unser ganzer »Tagesverstand«. Vielleicht denkt Hildegard auch an die heilsame Wirkung der Träume, die uns plötzlich deutlich machen, wo wir stehen und warum wir in Unordnung geraten sind und warum wir nicht mehr im inneren Gleichgewicht geblieben sind. Und selbst das »Unwetter« eines Schrecktraumes kann uns aufmerksam machen auf die inneren Unstimmigkeiten, die es anzupacken und zu bereinigen gilt. Dann kann wieder der »klare Tag« kommen, weil die düsteren Wolken vertrieben sind.

Alle Zeiten des Tages und der Nacht haben ihre je eigene Bedeutung. Vor allem der Morgen lädt uns ein, mit unverbrauchten Kräften an die Arbeit zu gehen und ein Stück unseres Werkes zu vollbringen.

»Am Morgen strahlt das Frühlicht auf. Zur ersten Stunde erleuchtet die Sonne den Tag und fängt an, auf der Erde zu brennen. Zur sechsten Stunde hat sie dann die Fülle der Glut angenommen... Auf die gleiche Weise, wie Ost und Süd sich bei der Glut des Tages vereinigen, bindet die Seele Kraft an Kraft. Sie vollendet ihr gutes Tun wie eine Hand es als Werkzeug der Arme tut« (WM 150f.).

Und wie wird der Abend erlebt? Ist der Mensch dankbar für den Tagesverlauf und freut sich auf die Ruhezeit der Dämmerung? Oder ist er unglücklich über den Verlauf des Tages? Hildegard hat jedenfalls häufig den »Abendärger« erlebt, schreibt sie doch:

»Zur Abendzeit wendet sich des Tages Fröhlichkeit in Ärger und Verdruss. Nicht mehr freut sich dann der Mensch im Lichte des Tages; Verdrießlichkeit und Schläfrigkeit überkommen ihn« (MW 151).

Vielleicht soll er sich ein Beispiel nehmen am »Tagwerk« des Schöpfergottes, der am Abend jeden Tages sah, »dass es gut war«.

»So ereignet es sich in jedem Menschen, der selber in seinen guten Gewohnheiten ein abendlicher Mensch ist, da er alle seine Handlungen mit Diskretion vollendet« (MW 215).

Wenn man also die Gabe der Unterscheidung recht einsetzt und den Tag über das tut, was die Stunde erfordert, dann wird auch der Mensch sagen können: »Ich sehe, dass es gut war«.

Februar

Der zweite Monat

»Der zweite Monat geht seiner Natur auf Reinigung aus. Er findet eine sinnhafte Bedeutung in den Augen des Menschen, weil auch die Augen, wenn sie wässrig, unrein und kränklich sind, sich mitunter von selber reinigen. So ist auch die Seele im Menschen wie der Saft in einem Baume. Wie durch den Saft alle Früchte des Baumes gedeihen, so werden durch die Seele alle Werke des Menschen verwirklicht« (WM 154).

Hat der Januar den Anfang gebracht, die große Chance des Besinnens, so muss jetzt im Februar schon wieder an Reinigung und Heilung gedacht werden. – Das Auge ist ein empfindliches und anfälliges Organ. Aber es hat die Fähigkeit, sich selbst von den Fremdkörpern zu befreien, die es befallen haben. Die Tränenflüssigkeit reinigt immer wieder das Auge, so dass es seiner Aufgabe nachkommen kann. Wer nicht klar sehen kann, wie soll der den rechten Weg finden?

»Die Augen, die so vieles erblicken, weisen auf die Gestirne am Firmament hin, die überall leuchten. Ihr Weiß versinnbildet die Reinheit des Äthers, ihre Klarheit deren Glanz, die Pupille die Sterne des Ätherraumes. Ihr Saft zeigt auf den Saft, aus dem eben dieser Äther von den oberen Gewässern her durchnetzt wird, damit er nicht durch die höhere Feuerschicht geschädigt werde. Dies verhält sich deshalb so, weil die Seele zwischen Erkennen und Umschau in wahrer Reue ihr Gefäß in der Gnade Gottes zur Buße anhält ... Und so hält die Seele rundherum Ausschau, indem sie jedes Werk anfängt und durchführt« (WM 102f.).

Hildegard hatte eine hohe Meinung von den menschlichen Sinnesorganen. Aber sie müssen ein ordnendes Zentrum haben: das vernünftig unterscheidende Gehirn.

»Die Seele selbst ist da wie ein Scheitelpunkt, und sie entscheidet über alles im Organismus, was der Körper braucht, und sie bewirkt dies mit den vier Stufen des Aufsteigens und Niedersteigens, welche da sind das Sehen, das Hören, das Riechen und Schmecken. Über diese Funktionen versteht sie die Geschöpfe und nimmt Führung mit ihnen; mit diesen hält sie ihr fleischliches Gefäß gewissermaßen in die Schöpfung hinein und zieht sie an, mit ihr das Ihrige zu wollen« (WM 86).

Aber unter den Sinnesorganen gebührt dem Auge mit seiner Sehkraft doch der Primat. Vorausschau und Ein-sicht, Hellsichtigkeit, Durchblick und klare Schau, darum geht es, deshalb haben die hellen Augen eine Sonderstellung.

»Durch das Sehen der Augen werden das Hören und das Riechen, die Vernunft des Mundes sowie das Tasten gelenkt und erkannt. Und wie somit rundum ihr Wesen und Wirken erkannt werden kann, so wird durch Sonne, Mond und Sterne die gesamte Einrichtung des Firmaments regiert und erleuchtet. Der Mensch sieht mit den Augen, was er durch die Weisheit versteht, und erfasst es durch Hören, Riechen und Schmecken« (WM 107).

Das Auge kann vorausschauen, es kann aber auch Nachsicht üben. In vieler Hinsicht ist das Auge das Zentralorgan des Menschen, in ihm kommt am meisten von seiner seelischen Veranlagung zum Vorschein.

»Leuchtend klar erscheint auch das Erkennen, gleichsam als Weiß der Augen, im Menschen, und seine Einsicht funkelt in ihm gleich ihrer Strahlkraft, und die Vernunft leuchtet in seinem Wesen so wie die Pupille der Augen« (WM 103).

Weil aber die Einsicht und die nachdenkliche Rückschau uns auch unsere Fehler und das schuldhafte Verhalten bewusst machen kann, deshalb weist Hildegard auf die Fähigkeit des Weinens hin: Die Tränen haben eine reinigende Wirkung, sie helfen uns, Irrwege zu erkennen und eine Umkehr zu vollziehen.

»Und so erhebt sich aus Seufzern und Tränen die grünende Lebenskraft der Reue ... So vertraue ich darauf, dass Er mich nicht verachte, mich vielmehr von den Sünden befreie und sogar durch das Antlitz Seiner heiligen Menschheit mich Reuigen im wahren Glauben aufnehme« (WM 104).

Vor allem aber werden wir durch unser Augenpaar angeleitet, nach vorn zu schauen und die rechten Entscheidungen zu treffen. Die Gabe der Unterscheidung, die discretio, ist zwar auf die Hilfe aller Sinnesorgane angewiesen, in besonderer Weise aber auf die Augen.

»Und so vermag der Mensch in seinem Umherschauen mit den Augen Gutes zu sehen und in seiner Betrachtung Gutes zu erwägen und so die gleiche reine Unterscheidungsgabe zu besitzen. Überschreitet er dabei im Guten sein Maß, so kann er in die Tiefe stürzen, erstrebt er allzusehr das Böse, wird er in der Verzweiflung gänzlich zugrunde gehen« (WM 105).

Aber es kann nicht verborgen bleiben, dass unsere Augen oft »gehalten« sind, verschattet, geblendet, dass wir nicht sehen wollen und uns gegen die Einsicht versperren. Hildegard ist davon überzeugt, dass Adam vor dem Fall ein viel tiefer schauendes Auge hatte.

»Durch den wachen Geist sollte Adam die Welt spüren, und im Schlaf sollte sein Fleisch erquickt werden. Auf diese Weise ward er in eine unwandelbare Erde der Wonne geführt, auf dass er durch seinen Geist zur Erkenntnis der Unsterblichkeit gelange und mit dem äußeren Gesicht seiner Augen auch das Unsichtbare gewahre. Das unsterbliche Leben hat keinerlei nebelhaftes Licht, wie das erdgestaltete Auge, das nur eine gewisse Zeit schaut, indes die Finsternisse es wieder anfallen. Und das erträgt der Mensch, weil sein Auge mit einer dunklen Haut überzogen ist. Die Pupille weist dabei hin auf das innere Gesicht der Augen, das leiblicher Erfahrung unbekannt ist« (WM 259).

Wir sind also erst auf der Suche nach den wirklich schauenden Augen, die sich nicht täuschen lassen und nicht dauernd auf die Grenzen des Sichtbaren stoßen. Aber auch jetzt kann man seine Augen gleichsam schulen, indem man immer wahrnehmungsfähiger wird für das, was sich unseren Augen darbietet und auf das Verborgene hinweist.

»Denn wie der Mensch mit den leiblichen Augen allenthalben die Geschöpfe sieht, so schaut er im Glauben überall den Herrn.
Gott ist es, den der Mensch in jedem Geschöpf erkennt. Weiß er doch, dass Er der Schöpfer der Welt ist« (WM 45).

Der Morgen und der Abend

Der Morgen steht für das Beginnen, für den neu geschenkten Anfang. Am Morgen ist alles noch unverbraucht, hoffnungshaft. Wir können unser Werk beginnen und darauf hoffen, es auch zu einem guten Ende zu bringen.

»Der Ostwind verbindet sich mit der Kraft der Morgenröte, die aus der Kühle der Nacht den Tau nimmt, den sie dann über die Erde träufelt. Am Morgen nämlich strahlt das Frühlicht auf. Zur ersten Stunde erleuchtet die Sonne den Tag und fängt an, auf der Erde zu brennen. Zur sechsten Stunde hat sie dann die Fülle der Glut angenommen. Das besagt: Auch der Mensch atmet mit seinen guten Absichten zunächst auf, dann aber weint er. Nach dem Tränentau beginnen dann die guten Absichten zu sprießen, während er sie im rechten Streben weiter zu vervollkommnen trachtet. Auch er, der Mensch, brennt in heiliger Zuwendung zum Guten, dem Südwind gleich, der zunächst ebenfalls mit Seufzen begann, um mit seinem guten Willen gleichsam wie im Osten andachtsvoll dahinzuwehen« (WM 150).

Wenn etwas zu Ende geht, dann schauen wir aus, ob wir nicht auch schon wieder einen Neubeginn ausmachen können. Hildegard betrachtet immer wieder den Schöpfungsmorgen, weil sie da die unverbrauchten Kräfte des kosmischen Anfangs erkennt, die große Bewegung, in der wir noch drinstehen.

»Da Gottes Wort das Licht hervorgehen ließ, da war sein Beginnen gleichsam der Morgen, seine Vollendung aber wie der Abend, wo das Abgeschlossene offenkundig ward.« (WM 206)

Man denkt an die »Hymne auf die Materie« von Teilhard de Chardin, wenn man bei Hildegard liest, dass auch sie einen »Urstoff« annahm, in dem schon alles vorhanden war, was sich entfalten sollte.

»Am Anfang der beginnenden Zeit, da Gott durch Sein Wort das All erschuf, schuf Er Himmel und Erde, das heißt jenen Urstoff, in dem jedes Geschöpf im Himmel und auf Erden verborgen lag, das aus dem Worte Gottes hervorgehen sollte« (WM 206).

Dass ein Tag endet, dass er sich zum Abend neigt, erinnert uns an unsere Endlichkeit und Gebrochenheit. Unser Verlangen geht dahin, einen Tag zu erleben, der kein Ende kennt.

»Mit dem Morgen beginnt der Glaube der Getreuen ... Bis zum Ende der Welt wird dieser Tag dauern« (WM 209).

Der Morgen ist in der Erfahrung der meisten Menschen die Tageszeit, in der uns die Arbeit gut von der Hand geht und Freude bereitet. Hildegard sieht Gott liebevoll auf den Menschen schauen, wenn er sich seinem Werk zuwendet.

»Da Gott jenen Menschen sah, wie er das gute Werk begann und wie sein Haus dergestalt erglänzte, da blickte Er ihn voll liebreichen Umfangens an, weil Er den Anbeginn des Guten in ihm wusste und schaute« (WM 210f.).

Beim göttlichen Schöpfungswerk war Gott froh über sein Tun, wie die Genesis sagt. Am Abend konnte er sagen: »Es war gut«. Und Hildegard umschreibt diesen Satz so:

»Und es wird Abend, das heißt, es wird das gute Ende kommen« (WM 222).

Kann der Mensch auf ähnliche Weise auf sein Tagewerk schauen? Oder muss er bekennen, dass der Tag vergeudet wurde und er die Chancen des Tages vergeben hat? Hildegard weist darauf hin, wie wichtig es ist, »cum discretione« die Möglichkeiten des Tages wahrzunehmen, damit der Tag dankbar und gelassen beschlossen werden kann.

»So ereignet es sich in jenem Menschen, der selber in seiner guten Gewohnheit ein abendlicher Mensch ist, da er alle seine Handlungen mit Diskretion vollendet. Gott hat zu Beginn aller Tugenden ihr Ende vorausgeschaut, da Er weiß, dass sie Ihn berühren; an ihrem Ende aber erprobt Er wiederum ihren Anfang, da ein guter Beginn nicht nützen würde ohne ein gutes Ende« (WM 215).

Vom Fasten und vom Essen

»Trockener Sand ist nichts nütze. Und die Erde gibt keine Frucht, wenn sie durch den Pflug zu stark zerbröckelt wird. Aus dürrem Felsboden sprießen nur Dornen und lauter unnützes Kraut. Genau so richtet unvernünftige Enthaltsamkeit das Fleisch des Menschen zugrunde, weil ihm nicht die Grünkraft einer rechten Ernährung vergönnt wird. Davon dörrt der Mensch aus. – Zu strenge Enthaltsamkeit entzieht auch dem Tugendleben die Grünkraft: Nur ein windiger, nichtsnütziger Ruf wächst auf, als seien solche Leute heilig und sind es doch gar nicht« (H 279).

Hildegards Einstellung zum Essen und zum Fasten ist von einem ausgeprägten Realismus geprägt, jeder Übertreibung ist sie abhold, einsichtsvolle Prinzipien und ein nüchterner Pragmatismus geben bei ihren Ratschlägen den Ton an. Weil wir Menschen körperliche Wesen sind und unser Leib gesunde Nahrung braucht, damit wir bei Kräften bleiben und unsere Aufgaben erfüllen können, deshalb ist es nötig, eine abwechslungsreiche und sich gegenseitig ergänzende Kost zu sich zu nehmen. Aber ohne Verzicht und ohne eine geistige Ordnung geht es auch nicht, weil der Mensch nur zu oft maßlos wird und seinen eigenen Prinzipien zuwiderhandelt.

»Der Mensch, der ein königliches Leben mit einer geistigen Lebenshaltung führen will, muss sich die Lust auf köstliche Schmausereien bei unangepassten Mahlzeiten vergehen lassen, aus denen doch nur Ausschweifung entsteht, ferner das starke Weintrinken, das die Geilheit aufregt und auch die übrigen Reizmittel, die keinerlei Gesundheit in sich tragen« (H 279).

Den Vergleich mit der »guten Erde« gebraucht Hildegard gerne, um zu verdeutlichen, wie achtsam der Mensch mit seinem Leib umgehen soll. Er soll ihn nicht verzärteln, aber das, was er nötig hat und wirklich braucht, das muss ihm zugeführt werden.

»Wenn der Mensch sein Fleisch mit Maßen nährt, dann ist auch sein Betragen fröhlich und umgänglich. Wenn er aber im Übermaß der Schmausereien und Gelage dahinlebt, dann legt er zu jedem schändlichen Fehler in sich den Keim. Und wer andererseits seinen Körper durch unvernünftige Enthaltsamkeit schädigt, der geht immer vielzornig einher. In all diesen Dingen sei du die gute Erde!« (H 280)

Es ist bei ihr keine Spur von einem leibfeindlichen Asketismus zu spüren. Die rechte Einübung in eine sinnvolle und geregelte Lebensordnung liegt ihr am Herzen, aber es darf dabei keine Verdüsterung der Seele eintreten, keine quälerische Misshandlung der menschlichen Natur. Die Aufnahme von Speisen ist ja ein freudvolles Tun, und diesen Charakter soll es nicht verlieren.

»Die Speisen sollen zur Erquickung in rechtem Maße verteilt werden, damit es der treuen Gefolgschaft nicht an Freude der Seele ermangle« (H 280).

Es ist auffällig, wie häufig Hildegard vor allem gegen eine Übertreibung des Fastens und der Enthaltsamkeit Stellung nimmt. Zu ihrer Zeit muss es eine Neigung zur radikalen Askese gegeben haben, die sie nicht gutheißen konnte. Besonders im Briefwechsel mit der Benediktinerin Elisabeth von Schönau mahnt Hildegard die Notwendigkeit einer vom Maß bestimmten Askese und Frömmigkeit an.

»Lerne Maßhaltung! Sie ist für Himmlisches und Irdisches die Mutter aller Tugenden ... Umfange die Mutter Diskretion ... Wie durch unangebrachten Sturzregen die Frucht der Erde Schaden leidet und wie in ungepflügter Erde nicht gute Frucht, sondern unnütze Kräuter aufsprießen, so wird auch der Mensch, der sich mehr Mühsal auferlegt, als sein Körper aushalten kann – da in ihm das Wirken der heiligen Diskretion geschwächt ist –, durch maßlos auferlegte Mühsal und Enthaltsamkeit seiner Seele keinen Nutzen bringen« (B 199).

Der Üppigkeit und dem naiven Wohlleben wollte Hildegard nicht das Wort reden, aber auch die Enthaltsamkeit bedarf des Maßes und der vernünftigen Einschätzung. Wer seinen Leib schädigt, trägt nicht zum Gotteslobe bei. – Aber es gibt Zeiten, wo es naheliegend ist, die Nahrungsaufnahme einzuschränken und sich Entbehrungen zuzumuten. Vor allem legt sie solchen Menschen, die sich in Schuld und Sünde verstrickt haben, nahe, sich ein Fasten aufzuerlegen. So empfiehlt sie Menschen, die sich der Verzweiflung überantwortet haben:

»Sie sollen sich einem schweren Fasten und anderen schwierigen Arbeiten unterziehen, wobei ihnen nicht gestattet sei, dass sie sich in noch größere Verzweiflung hineinsteigern, da sie sich in ihrer äußersten Verbitterung sowieso schon gar manches Herzensleid dieses Übels wegen zufügen« (MV 172).

Diese Gedanken vom »rechten Maß« sind Hildegard so wichtig, dass sie darauf immer wieder zurückkommt und immer wieder andere Bilder findet für das Gleichgewicht der vernünftigen discretio.

»Der Leib wird durch die Geschöpfe unterhalten; die Seele regt das Verlangen des Fleisches nach Nahrung an. Ihr Bestreben geht allerdings dahin, den Leib im Luxus der Speisen nicht so zu ersticken, dass er kaum noch atmen kann. In diesem Tun wirkt die Seele so, dass der Leib in seinem Geisthauche von den Speisen in rechtem Maße unterhalten werde. Geht es ihm zu gut, dann werden die Kräfte der Seele geschwächt. Werden ihm aber die Speisen, die ihm zustehen, durch allzu große Enthaltsamkeit entzogen, dann bläht der stolze Teufel den Menschen so auf, als sei er schon in den Himmel gestiegen, damit er ihn so durch Hochmut zu Fall bringe. Aus diesem Grunde hasst Gott den Rausch, wie er auch keine unvernünftige Enthaltsamkeit will: In beiden Dingen soll vielmehr der gläubige Mensch sich selbst das rechte Maß auferlegen« (WM 232).

Es ist wieder der wunderbar nüchterne Wirklichkeitssinn Hildegards, der sich hier zu Wort meldet. Jeder Übertreibung ist sie abhold, konsequent geht sie ihren Weg zwischen den Extremen. Und was besonders bewundernswert ist: Sie stellt kein allgemeines Gesetz auf, sondern fordert jeden Einzelnen dazu auf, selbst das »rechte Maß« für sich zu finden.

Die Freude

»Ich besitze hier schon die himmlische Heimat, da ich alles, was Gott erschuf, mit rechten Augen ansehe ... Ich nehme die Blüten der Rosen und Lilien und die ganze Grünheit zärtlich ans Herz, indem ich allen Gottes-Werken ein Lob singe ... All mein Tun schenke ich meinem Gott. Auch in der Traurigkeit steckt noch Freude, und in aller Freude ruht ein Glück« (MV 228f.).

Mit diesen Worten lässt Hildegard die personifizierte »himmlische Freude« dem persongewordenen »Weltschmerz« antworten. Wer sich in der Freude einüben will, der muss wahrnehmungsfähige Augen haben, aber auch seine Geruchsfähigkeit und sein Geschmack müssen ausgebildet sein. Der »Weltschmerz« meinte, Gott habe ihm nie etwas Gutes erwiesen und er sei einzig zum Unglück geschaffen, die Freude dagegen weiß, wie viel Geschenke sie bekommt und wofür man immerzu dankbar sein kann. Und erstaunlicherweise wird gesagt, dass sogar die Erfahrung der Traurigkeit uns noch Spuren der Freude vermittelt. Man wird an eine Briefstelle Rainer Maria Rilkes erinnert, der einem jungen Mädchen schrieb: »Im Schweren sind die freundlichen Kräfte, die Hände, die an uns arbeiten. Mitten im Schweren sollen wir unsere Freuden haben, unser Glück, unsere Träume: da, vor der Tiefe dieses Hintergrunds, heben sie sich ab, da sehen wir erst, wie schön sie sind. Und nur im Dunkel der Schwere hat unser kostbares Lächeln einen Sinn« (Rainer Maria Rilke, Briefe, Erster Band, Frankfurt am Main 1987, 104).
Zur Freude ist der Mensch berufen, weil er sich nur durch die Erfahrung der Freude entfalten kann, sie lockt die in ihm steckenden Kräfte heraus und ermutigt ihn zu einem lustvollen Tun. Der »himmlischen Liebe« legt Hildegard deshalb in den Mund:

»Ich bin eine Säule himmlischer Harmonie, und alle Freude des Lebens liegt mir im Sinn« (MW 31).

Wenn auch die Freude eine innere Erfahrung des einzelnen Menschen ist, so hat sie doch nicht einen »privaten« Charakter. Gerade im Miteinander des menschlichen Austauschs entfaltet sie sich und beglückt sie uns. Von der »Herzenshärte« sagt deshalb Hildegard:

»Sie freut sich nicht mehr mit einem anderen« (MV 61).

Wer sich aber in sich selbst verkriecht und den lebendigen Austausch mit anderen nicht mehr pflegt, der wird unfähig zur Freude und kann immer nur die dunklen Seiten seines Daseins wahrnehmen. In einem aufschlussreichen Dialog lässt Hildegard die unterschiedlichen Selbsterfahrungen aufeinanderprallen. – Die Schwermut spricht:

»Was ist noch mein Heil, wenn nicht Tränen? Was für ein Leben habe ich, wenn nicht Schmerz? Und was wird meine Hilfe sein, wenn nicht der Tod? Welche Antwort wird mir werden, wenn nicht das Verderben? Etwas Besseres gibt's nicht für mich.«

Die Antwort der »Seligkeit« lautet:

»Aus der stürmischen Wolke hört ich eine Stimme antworten: ›Du bist geradezu süchtig auf Peinigung und willst wohl nichts anderes mehr. Gott will angerufen sein, und Seine Güte sollte man aufsuchen. Du missgönnst dir dich selbst, da du nicht auf Gott vertraust. Von Gott forderst du nichts, weshalb du auch nichts findest.

Ich aber rufe laut zu Gott und bekomme Antwort von Ihm. Ich erbitte mir etwas von Ihm und in Seiner Huld schenkt Er mir, was ich will. Ich suche bei Ihm, und so finde ich es auch. Denn ich bin in allen Ehren die Wonne selber. Die Zither schlage ich vor Gott, da ich mein ganzes Handeln auf Ihn richte. Und so sitze ich in meiner vertrauensvollen Hoffnung, die ich auf Ihn hege, auf Seinem Schoß. Du aber hast kein Vertrauen zu Gott, du ersehnst nicht Seine Huld. Daher passiert dir auch immer nur das Schlimmste!‹« (MV 93).

Mit Staunen können wir hier beobachten, wie genau Hildegard die Fehlformen menschlichen Verhaltens kennzeichnen kann. Oft genug finden sich Menschen nicht nur mit ihrer freudlosen oder gar verzweifelten Existenz ab, sondern genießen sie sogar, sind auf masochistische Weise »süchtig auf Peinigung«. Und wer nicht mehr zu einer positiven Einschätzung seines Daseins kommen kann, zieht sich voller Ressentiment in sein Schneckenhaus zurück und hadert lustvoll mit seinem Schicksal, weil er »sich nicht sich selbst gönnt« und kein elementares Vertrauen findet. Und die »sich selber erfüllende Prophetie« führt dazu, dass »immer nur das Schlimmste« eintritt. Hildegard ist schon eine erstaunlich kenntnisreiche Psychologin und Herzenskennerin.

»Die Missgunst spricht: ... Wenn ich das Schöne und Strahlende schon nicht selbst besitzen kann, dann will ich es wenigstens in den Dreck ziehen« (MW 135).

Dagegen tritt die »Liebe« auf und macht deutlich, wie man sich an der Schönheit und dem Reichtum der Natur freuen kann:

»Ich bin jener Lufthauch, der alles Grüne nährt und die Blüten sprießen lässt mit ihren reifenden Früchten. Mit jedem Hauch des Heiligen Geistes werde ich belehrt, so dass ich die lautersten Bäche ergießen kann ... Auch bin ich jener Regen, der aus dem Tau herweht, durch den alle Kräuter mich anlachen zu fröhlichem Leben ... Das königliche Brautgemach, es ist mein, und alles, was Gott gehört, gehört auch mir« (MV 136).

Hier auf dieser Erde dürfen wir schon freudig sein und sollen uns einüben in der stärkenden Kraft eines fröhlichen Lebens. Aber Hildegard ist sich darin sicher: Erst in der Vollendung wird der Mensch in eine unvorstellbare Fülle der seligen Freude versetzt.

»Und ich sah eine gewaltige, unermessliche Herrlichkeit, deren Glanz so mächtig strahlte, dass ich sie als solche und was in ihr war, nur wie in einem Spiegel wahrzunehmen vermochte. Doch wusste ich, dass sich darin jede Art von Süßigkeit aller Blüten und der lieblichste Duft der verschiedensten Wohlgerüche mit unzähligen Wonnen befand. In dieser Herrlichkeit hielten sich die Seelen der Seligen auf, die während ihrer hinfälligen Erdenzeit Gott mit redlichem Streben angerührt und Ihn mit rechten Werken verehrt hatten. Nun konnten sie in all dieser Herrlichkeit die süßesten Wonnen genießen« (MV 275).

März

Der dritte Monat

»Der dritte Monat kommt mit einem wilden Wirbel herauf. Er führt Unwetter mit sich. Hat er auch noch manches Unheilvolle in sich, so setzt er doch mit seinem vielfachen Winden die Keime der Erde in Bewegung. Unter diesem Monat soll man sich die Ohren vorstellen. Auch in ihnen tönt der Laut von so viel Wertvollem und Nutzlosem, durch die der Organismus in seiner Gesamtheit in Bewegung gehalten wird. Auch die Seele im Leibe, der durch sie bewegt und ausgefüllt ist und wie mit Gefäßen verknüpft wird, steht in einer Auseinandersetzung mit den anwachsenden Kräften ihrer Natur. In dieser Situation gleicht der Mensch in der Mitte seiner Jugend einem Baume, der zunächst nur grobes Geäst und später erst die Früchte ans Licht bringt. Ein solcher Mensch ist noch von der Sturmzeit seines nicht zur Harmonie ausgereiften Charakters befangen, wenn er zu überlegen beginnt, was er wohl anfangen soll« (WM 154).

Es werden hier wieder auf köstliche Weise die Frühlingsstürme in der Natur und die unruhvollen Umtriebe des jungen Menschen in der Pubertät in Beziehung gesetzt. Draußen auf den Feldern toben die März-Stürme – und drinnen im Jugendlichen rumort es, weil er noch nicht weiß, was sich in ihm ereignet und wo er hingehört. In ihm sind Kräfte erwacht, mit denen er noch nicht umgehen kann. Aber wie die Saat auf den Äckern allmählich aufgeht, so bereitet sich auch der Jugendliche auf seine nächste Altersstufe vor, auch wenn er noch durch Höhen und Tiefen gejagt wird und durch die wechselhaften Gefühle von der Hochstimmung bis zum erbärmlichen Jammern getrieben wird.

»Denn sein Mark ist nun fetthaltig genug, seine Gefäße sind wohlgefüllt. Unter solchen Umständen unterliegt seine Seele einer trübseligen und wehleidigen Stimmung, weil sich der Verdruss über die eigene Minderwertigkeit mehr und mehr häuft. Es ist ja so, dass die Seele immerzu jenes Leben in ihm verdeutlicht, das alles in Bewegung versetzt. Nun ist ein solcher Mensch, mehr als ihm zusteht, begierig nach Anerkennung; er täuscht sich aber gewaltig, wenn er glaubt, sich schon für einen Weisen halten zu dürfen, während er doch gerade in seiner Verwegenheit und seinem Hochmut gleichsam wie eine frische Wunde eitert« (WM 154).

Sehr sorgsam und verständnisvoll werden die Symptome der Pubertät hier beschrieben, ein moderner Entwicklungspsychologe würde keine anderen Phänomene benennen. Hildegard weiß auch, dass der Jugendliche in maßlose Trauer fallen kann und dass man ihn dann nicht allein lassen darf. In ihm tönt »das Wertvoll und Minderwertige« wider, er muss durch diese Phase der Unsicherheit durch, auch wenn er in manchen Irrweg gerät und Fehler macht. Irgendwann wird sich alles zum Besseren wenden, wenn er hörbereit ist und sich nicht verhärtet, dann »gerät auch die Seele wieder in Bewegung«.

»Die Seele, die vordem so traurig war, da so viel Wertvolles, aber auch Unnützes durch den Menschen regelrecht hindurchgeblasen wurde, bewegt ihn wegen seiner schlechten und nichtsnutzigen Taten zur Reue; und sie ist es, die bewirkt, dass er ob seiner guten und fruchtbaren Werke sich freut, als wäre er im Paradies« (WM 155).

Nun wird auch verständlich, warum der Monat und die Pubertätszeit ausgerechnet mit den Ohren in Beziehung gesetzt werden. Bringen uns die Augen mit den Formen und Farben in Verbindung, so erschließen uns die Ohren die Klangbereiche. Unsere Ohren können den Anruf vernehmen, aber sie können auch durch eine verführerische Stimme getäuscht werden. Die tausend Klänge in unserer Welt treffen auf uns und wir müssen dazu Stellung nehmen, müssen unterscheiden, welches Wort und welchen Ruf wir einlassen und welche Einflüsterung oder welchen Lärm wir vorbeigehen lassen.

»Durch das Hören des Ohres wird das Innere des Menschen erschüttert« (WM 108).

Nach Hildegard sind es drei Kräfte, die in der Seele liegen und sich hilfreich auswirken können: das Begreifen, die Einsicht und die Ausführung.

»Dieses Begreifen und die Einsicht verbinden sich miteinander zur tätigen Ausführung der Seele« (WM 88).

Wird das Ohr ohne die Gabe der Unterscheidung geöffnet, dann kann das Gehör »aus der Fassung« geraten,

»weil dem Menschen über sein Hören oftmals Gesundheit oder Krankheit zukommen, genau so, wie er durch glückliche Umstände oftmals vor Freude getroffen, bei Unglück aber in Trauer gestürzt wird« (WM 62).

Und weil Hildegard ihre Einsichten immer auch über die Beobachtung der leiblichen Konstitution gewinnt und der Körpersymbolik einen hohen Stellenwert einräumt, deshalb ist es ihr wichtig, dass die Ohren, der Schlund und die Schultern nahe beieinander sind.

»Das Ebenmaß zwischen Ohr und Ohr, von den Ohren zur Schulter und von der Schulter bis zum Schlundende bedeutet, dass der Mensch die Gebote Gottes mit den Ohren aufnimmt, dass er sie mit seinen Schultern getreulich trägt und sie mit dem Schlund gleichsam in sich zieht und dass er bei all diesem das gleiche und diskrete Maß halten soll, auf dass er zu jener Ausgeglichenheit gelange, wo keine Beunruhigung mehr ist« (WM 89).

Nun ist die Ausgeglichenheit und das ruhige und sichere Maß nicht allein die Sache des Jugendlichen, auch nicht nur des Monats März, aber es ist gut, wenn man sich in unruhigen Zeiten schon auf das Kommende einstellt, das noch aussteht.

Gotteserfahrung in der Schöpfung

»Die verborgene Gottheit wird nur so weit geschaut, wie Sie sich zu enthüllen gibt« (WM 258)

Dass Gott für unsere Augen nicht sichtbar ist, bezeugt Hildegard in vielen ihrer Werke. Aber er bezeugt seine verborgene Gegenwart dennoch: in seiner Schöpfung, im Wirksamwerden der geordneten Welt. Um diese Spuren seiner Anwesenheit aber wahrzunehmen, braucht der Mensch geöffnete Augen, eine neue Sehweise, die auch das Hintergründige noch verspürt.

»Gott wirkt seine Werke unablässig. Er hört nicht damit auf, bis die Zahl seiner Auserwählten inmitten der himmlischen Harmonie aufgefüllt ist ... Gott hat die Menschen in vielen Bekundungen und unter großen Zeichen auf Seine verborgene Gottheit hingewiesen und ihnen vieles an Weisheit in der Natur gezeigt, aus der sie die Geheimnisse der Gottheit selbst erkennen sollten, wie auch der Mensch mancherlei Gestalten durch sein künstlerisches Wissen farbig ausmalt« (WM 275).

Hildegard ist überzeugt: »Gott ist in aller Kreatur« (WM 226), und wer mit den Augen des Glaubens sich in der Welt umschaut, der stößt immerzu auf die göttlichen »Kunstwerke«. Hildegard verweist auf die künstlerischen Fähigkeiten des Menschen, um das Wirken Gottes verstehbar zu machen. – Vor allem aber sind es die unscheinbaren Vorgänge in der Natur, die uns zwar so alltäglich sind, dass wir kaum noch einen Gedanken darüber verlieren, die aber trotzdem geheimnisvoll sind. Hildegard gibt der göttlichen Stimme Ausdruck, wenn sie schreibt:

»Seht ihr Mich denn nicht Tag und Nacht? Seht ihr Mich nicht, wenn ihr sät und wenn die Saat aufgeht, von Meinem Regen benetzt?« (MV 133)

Dafür also sollen wir offene Sinne bekommen und ein inneres Gespür. Wer nichts als selbstverständlich ansieht, sondern sich noch wundern kann über die Phänomene der Alltagswelt, der bekommt auch immerzu Wahrzeichen des verborgenen Gottes.

»Gott fragt die Menschen: Ob sie Ihn denn nicht in der Erleuchtung des guten Gewissens gleicherweise gesehen hätten wie beim

Leuchten der irdischen Sonne, als sie das Gute tun sollten? Ob sie ihn nicht geschaut hätten in der Trübung des Herzens gleicherweise wie im Dunkel der Nacht, als sie Schlechtes zu meiden hatten? Ob sie Ihn denn nie erfahren hätten auf den Wegen der Gerechtigkeit, die im Heiligen Geist zu immer größeren Fortschritten geleitet würde? Oder ob sie Ihn nicht geschaut hätten, als der irdische Samen in die Erde fiel und mit Tau und Regen durchtränkt wurde, um auf diese Weise zum Wachstum zu kommen? Und ob das alles durch einen anderen geschehen könnte als durch den Schöpfer aller Dinge?« (MV 148)

Die sinnenhaft wahrnehmbare Welt gibt uns also einen Zugang zu Gott, aber auch unsere innerseelische Wirklichkeit mit ihren Erfahrungen des Wissens und Gewissens, der ethischen Verpflichtungen und der Einsicht in die Normen rechten Zusammenlebens. – Wir werden also auf die verschiedenen Ebenen der Weltbeobachtung wie der Selbsterfahrung hingewiesen, um zu einer geistigen Schau zu kommen. Als Hildegard in einer Vision einen lebendigen Brunnen wahrnimmt, deutet sie dieses Bild:

»Der lebendige Brunnen ist der Geist Gottes, ihn hat Gott in all Seine Werke aufgeteilt. Aus diesem Quell leben sie, von ihm haben sie das lebendige Leben, wie auch der Schatten aller Dinge im Wasser erscheint, und es gibt kein Ding, das ganz und gar erkennen könnte, woher es lebendig ist; es spürt vielmehr nur dunkel, wodurch es bewegt wird. Und wie das Wasser alles, was in ihm ist, fließend macht, so ist auch die Seele ein lebendiger Geisthauch, der immerfort im Menschen west und ihn durch Wissen, Denken, Sprechen und Wirken gleichsam fließen macht« (WM 265).

Gott ist für unsere schwachen Sinne viel zu groß und gewaltig, wir könnten ihn nicht sehen und seiner Seinsfülle standhalten. Aber Gott »versteckt« sich in seiner Schöpfung, den Saum seines Gewandes können wir wahrnehmen – und das ist beglückend genug.

»Die Schöpfung ist gleichsam das Gewand der Weisheit ... Gott kann nicht geschaut werden, sondern wird durch die Schöpfung erkannt, so wie auch der Leib des Menschen seiner Kleider wegen nicht gesehen werden kann. Und wie der innere Glanz der Sonne nicht erblickt wird, so kann Gott von der sterblichen Kreatur nicht gesehen werden« (WM 278f.).

Jesu Leiden und Sterben am Kreuz

»Gegen die Gier der Habsucht hat der Gottessohn freiwillig Hunger gelitten. Wegen der verwirklichten Sünden der Ungerechten ließ Er sich von der Traurigkeit umfangen. Wegen der Tyrannei der Gottlosen wurde Er mit zahlreichen Vorwürfen angeschrien. Um der Bosheit der Mörder willen musste Er am Kreuze leiden. Für die schweren Todsünden, in denen die Menschen begraben waren, gab Er, um sie dem Tod zu entreißen, am Kreuz Seinen Geist auf. In diesen Leiden zog Er alle Sünden der Büßer wie auch all derer, die Ihn verleugnen, auf Sich. Deshalb wird Er ›Engel des großen Ratschlusses‹ genannt, da Er sich in jedem Falle als gerecht und mildherzig erweist« (MV 83).

Der Gedanke des stellvertretenden Leidens stellt Hildegard in die Mitte ihrer Kreuzbetrachtung. Jesus ist zu uns gekommen, weil wir Menschen uns nicht selbst erlösen konnten. Er hielt die Leiden der Passion durch, um eine Bahn zu schaffen, die aus der innerweltlichen Verengung herausführen kann.

»Er allein hielt die Kelter des seligen Leidens aus, um den verlorenen und gefallenen Menschen zu retten, wo die Hilfe eines Menschen nicht mehr genügt hätte« (MV 83).

Aber Hildegard bleibt nicht bei der Betrachtung des leidenden und sterbenden Jesus stehen, sie will immer den Blick ins Künftige öffnen, weil sie schon vom Licht der Erlösung innerlich erhellt ist.

»Zeige dich mir doch in der Schönheit Deiner Gebote, auf dass ich Dich mit ganzer Liebe in meiner Seele festhalte. Durch Deine Menschwerdung hast Du mich erlöst und durch den Tod mich auferweckt ... Die Demut Deiner Menschwerdung hat all Dein Werk durchtränkt, so wie der Tau vom Himmel zur Benetzung auf die Erde fällt. Zeige mir auch, wo Du Deine Ruhestätte hast, in der Grabstatt des Todes nämlich, wo in der Fülle des Glaubens die vollste Sonnenglut, der Heilige Geist nämlich, die Gläubigen erfüllt hat, da ja in der Zeit von Deiner Auferstehung bis zur Himmelfahrt durch diesen Heiligen Geist das alte Gesetz zu weit größerer Tiefe umgewandelt wurde« (MV 239).

Es ist auffällig, dass Hildegard den Vorgang der Erlösung schon mit der Menschwerdung Christi beginnen lässt. Der Tod Jesu ist der tiefste Punkt des demütigen Abstiegs des Gottessohnes, aber auch der Wendepunkt der Heilsgeschichte. Auch wir müssen gleichsam in die Grabkammer Jesu, um den Prozess der Umwandlung zu erfahren, des Durchbruchs zum Licht. Das Leben geht zum Tod, damit der todverfallene Mensch zum Leben gehen kann.

»Denn Er, der selber das Leben ist, opferte sich zur Erlösung des Menschengeschlechtes im Todesleiden auf dem Altar des Kreuzes« (WM 190).

Die Vergegenwärtigung des Leidens am Karfreitag ist nicht so sehr von Trauer und Gemütsverdüsterung bestimmt, es ist vielmehr die Freude über die offene Tür in den himmlischen Bereich, die diesen Tag charakterisiert. Im Lied der Jungfrauen heißt es deshalb:

»Nun rufen wir dich an, Gemahl und Tröster,
du hast uns ja erlöst am Kreuze.
In deinem Blute sind wir bräutlich dir verbunden ...
Wir sind in dieser Welt,
du bist in unserm Geiste,
und wir umfangen dich im Herzen,
als hätten wir dich gegenwärtig.
Du starker Löwe sprengest auf den Himmel,
du stiegst hernieder in der Jungfrau Schoß,
den Tod hast du besiegt,
das Leben auferbaut in goldner Stadt.
Gib Wohnrecht uns darin,
laß bleiben uns darin, geliebtester Gemahl,
du hast entrissen uns dem Schlund des Teufels,
der unsern ersten Vater hat verführt« (L 259/61).

Ermutigung in der Krisenzeit

»Ihr, die ihr Gottes seid und Seinen Worten glaubt, hütet euch, damit ihr nicht in euren Herzen von jedem Schrecken erschüttert werdet, ebensowenig vom geistigen Betrug noch von wortreicher Verführung, noch durch die Schriften, die wahrhaftig an euch gerichtet sind, als sei jener Tag schon da, an dem der Schöpfer aller Dinge den Abgrund der Herzen aufdecken wird« (WM 307f.).

Eine Grundeinstellung Hildegards, der wir immer wieder begegnen, ist die Nüchternheit, die ruhige Sachlichkeit und Gelassenheit. Wenn alles aufgeregt ist und sich von den Wichtigtuern und Möchtegernpropheten in Aufregung versetzen lässt, bleibt sie ruhig und geht ihren eingeschlagenen Weg weiter. Gott allein weiß, wann das Ende kommt, aus seinem Schutz können wir nicht herausfallen. Und weil wir hier noch unsere Aufgaben haben, sollen wir uns nicht um das kümmern, was uns nichts angeht.

»Der Mensch lebt in der Mitte der Macht Gottes. Denn bevor der Mensch gebildet wurde, war Gott, und wenn der Mensch sein leibliches Dasein beendet haben wird, bleibt Gott immer noch in Seiner Kraft bestehen« (WM 308).

Es geht nicht darum, den Menschen Ängste einzujagen, sondern gerade darum, ihnen Mut zu machen und diese große Gelassenheit heraufzurufen, die wichtiger ist als der neugierige Blick in die Zukunft.

Weil aber die Menschen wandelbar sind und inkonsequent, leicht zu erschüttern und vom eingeschlagenen Weg abzubringen, deshalb brauchen sie eine Kraft, die ihnen hilft, in schweren Zeiten tapfer und unverdrossen auszuharren.

»Des Menschen Seele legt einen äußerst starken Panzer an, sorgfältig gewebt und zusammengefügt: Es ist dies die Geduld, eine Tugend, die kein Pfeil zu durchbohren vermag ... Wenn der Mensch in seiner Sünde in solche Trübsal gerät, dass er kaum noch Hoffnung auf das Heil seiner Seele behält, dann fängt ihn eben die Seele mit ihrer Geduld wieder auf ... Geduld mit Demut findet sich in den Höhen, indem sie den Hochmut überwindet« (WM 160f.).

Wenn etwas wachsen soll, dann muss man dem Samen Zeit lassen und muss vertrauensvoll warten können, denn der Wachstumsprozess geht zwar stetig vor sich (»fortschreitend von Tag zu Tag«, sagt Hildegard), aber er hat sein eigenes Tempo und soll nicht künstlich beschleunigt werden. Auch der Mensch kann sich als fruchtbarer Acker verstehen, auf dem etwas seiner Ernte entgegenwächst.

»Gott sandte träufelnde Regen auf die Heiligen nieder und machte aus ihnen ein fruchtbares Ackerland, voll von Tugendkräften. Er segnete es und erfüllte es mit den Früchten aller Güter, mit Keuschheit, Zucht und mit Geduld sowie mit allen anderen Glückseligkeiten« (WM 277).

Hildegard wusste um die Sprunghaftigkeit des Menschen und um seine wechselnden Stimmungen. Und sie hatte viel Verständnis für das innere Getriebensein durch die »Säfte«, die den Menschen zwar einerseits stärken, andererseits aber auch peinigen können. Sie will den Menschen vorbereiten auf die wechselnden Umschwünge und emotionalen Kehrtwendungen.

»Die Säfte erheben sich zuweilen im Menschen wild wie ein Leopard; dann mäßigen sie sich wieder, so wie der Krebs bald vorwärts, bald rückwärts geht. Und sie weisen so auf vielfache Veränderungen hin. Auch zeigen sie ihre Widersprüchlichkeit gleichsam im Springen und Stoßen des Hirsches. Denn selbst wenn der Mensch von der Gottesfurcht durchdrungen ist, steigen doch mitunter in ihm Gedanken auf, die im Überdruss Ablenkung in eitlen Dingen suchen. Mit dem Krebs ermahnen sie ihn, zuversichtlich fortan zu schreiten, und dann stürzen sie ihn wieder in Zweifel. Mit dem Hirschen wiegen sie ihn in Sicherheit und machen ihn wieder wankelmütig. Solche Gedanken bestürzen den Menschen bald wie ein reißender Wolf, bald wie der Krebs und der Hirsch ... Jetzt knurrt und brummt es im Menschen wie ein Bär, wenn er zornig ist, dann sind seine Gedanken wieder von der Natur eines Lammes und einer Schlange« (WM 69).

All diese Widerfahrnisse haben ihren Sinn, denn sie tragen dazu bei, dass der Mensch geläutert wird und allmählich seine wahre Gestalt findet; es sind Wehen, die notwendig sind, wenn der Geburtsvorgang abgeschlossen werden soll.

»Der Mensch verhält sich im wechselnden Glück angesichts des göttlichen Strafgerichts wie ein Bär in seinem körperlichen Schmerz. Er erlaubt dem Menschen nicht, nach seinen Gelüsten auszubrechen, zwingt ihn vielmehr zu innerer Demut und lässt ihn so auf rechtem Wege wandeln, indem er wie ein Lamm Geduld übt, und lässt ihn das Böse meiden, indem er sich klug verhält wie eine Schlange. Denn durch diese Bedrängnisse des Leibes gelangt der Mensch nicht selten zu geistigen Schätzen, und durch diese Schätze kommt er in den Besitz des höheren Reiches« (WM 52).

April

Der vierte Monat

»Der vierte Monat ist voller Lebensgrüne und Wohlgeruch, auch wenn es in ihm schrecklich donnern kann. Er gibt einen Hinweis auf die Nase, mit der der Hauch der Seele den Duft einzieht und wieder entlässt, in der Vielfalt dessen, was er sich mit Ehrfurcht auswählt. Diesem Monat gleicht der Mensch, wenn er kraft des Vernunfthauches seiner Geistigkeit im Gewissen das Grün der guten Werke einsichtig auswählt. Es ist der Monat, in dem alle Frucht der Erde zu grünen anhebt und der des Duftes so voll ist. Im süßesten Wohlgeruch lässt er den Ruf der Rechtschaffenheit und Nützlichkeit überallhin zum Ruhme Gottes ausströmen.« (WM 155)

Man spürt diesem Text Hildegards an, mit welchem Entzücken sie den Frühling begrüßte und wie dankbar sie war, wenn die Kraft der viriditas die ganze Natur zum Grünen und Blühen brachte. Und weil sie ein sinnenhafter Mensch war, deshalb wird gerade im Frühling die Fähigkeit des Riechens aktiviert. Die Nase nimmt die neue Jahreszeit mit besonderer Freude wahr. Wie hoch Hildegard das Riechen einschätzt, wird an vielen Stellen ihres Werkes erkennbar. Dabei geht es nicht einfach nur um die Wahrnehmung verschiedener Gerüche, die Nase steht vielmehr für die Gabe der Unterscheidung, weil wir durch unser Riechorgan angenehme und unangenehme, wohltuende und widrige Gerüche erkennen können und damit auch die Fähigkeit bekommen, heraufziehende Gefahren gleichsam zu wittern. Körperliche Wahrnehmung und seelisches Gespür werden bei Hildegard immer in einen Zusammenhang gebracht.

»Wenn die Seele die bösen und schlechten Tage sieht, fällt sie in Traurigkeit. Da diese durch üblen Ruf gleichsam durch den Geruch erfahren wird, seufzt sie auf. Und indem solches gewissermaßen durch den Geschmack vom Körper verwirklicht wird, lässt sie den Menschen Tränen vergießen« (WM 105).

Die Nase mit ihren Fähigkeiten hat also eine innerseelische Entsprechung: das Gewissen. Das Ganzheitsdenken Hildegards sieht die körperlichen Vollzüge immer in ihrer Verwobenheit mit der seelischen Existenz des Menschen. Hilft ihm bei der Unterscheidung der verschiedenen Gerüche die Nase, so muss das Gewissen die rechten von den unrechten Handlungen zu trennen suchen. Im April gibt es zwar die Wetterstürze und klimatischen Umbrüche, aber das Donnern der Frühlingsgewitter kann ja auch eine reinigende und klärende Wirkung haben.

»Wie sehr dieser Monat gefährlich und schrecklich klingt, er kann doch die Früchte der Erde nicht mehr zum Verdorren bringen. Gleichermaßen dörren die Kräfte und Tugenden eines seligen Menschen nicht mehr aus, vielmehr leiden diejenigen, die mit den Zähnen wider ihn knirschen möchten, selber am meisten Schaden dabei. Wie nun der Mensch, eben durch den Hauch seiner Vernunft, mit Hilfe seiner Nase sich das Süßeste und Edelste auswählen und aneignen kann, so stößt er auch alles Stinkende und Hässliche damit von sich ... Wer also Gott fürchtet und liebt, der hütet seinen Sinn vor jeder Schlechtigkeit, wie auch der Mensch seine Nase von jedem Ding, das da stinkt und unrein ist, mit Abscheu abwendet« (WM 155).

Wir kennen heute die Redensart, ein Mensch habe eine »gute Nase«, ein untrügliches Gespür. Dabei geht es immer auch um »Geschmacksfragen« bis hin zu einem ästhetischen Unterscheidungsorgan. Davon muss auch Hildegard schon gewusst haben, weil sie die Nase mit der Weisheit in Verbindung bringt.

»Über die Nase zeigt Gott die Weisheit, die als duftende Ordnung in allen Kunstwerken ruht, wie auch der Mensch durch sein Riechvermögen erkennen soll, was die Weisheit aufzuordnen hat. Der Duft breitet sich nämlich über alle Dinge aus und zieht dann die Weisheit an, auf dass sie erkennen lernen, was da ist und welche Art es ist« (WM 170).

Der Gang durch das Jahr, wie ihn Hildegard durchführt, erweist sich als eine Schule der Weisheit. Schritt für Schritt durchschreitet sie die Entwicklungsstufen des Menschen, weist auf die leib-seelischen Zusammenhänge hin, nimmt die Sinnesorgane und die anderen körperlichen Zonen in den Blick, um uns behutsam auf die Notwendigkeit des Lernens und Reifens einzustimmen.

»Die Nase des Menschen bezeichnet die Luft, welche die Wasser bewegt« (WM 108).

Ein belebender Lufthauch wird von der Nase erwartet. Die Nase hat eine solche Autorität, dass sie sich als »gesundes Maß« auswirken soll, jeder Übertreibung abhold. Weder das laxe Sich-treiben-Lassen noch die ausufernde Radikalität im sittlichen Streben finden bei ihr Gnade, den Extremen wendet sie sich mit aller Entschiedenheit entgegen, weil sie den Menschen entmutigen und ihm die Kräfte rauben.

»Die Selbstbeherrschung ist ein Zusammenfassen der Stärke und der erhaltenden Kräfte zur Gerechtigkeit ... Die Maßlosigkeit lenkt den Menschen auf Unzuträgliches ab und führt die Enthaltsamkeit in ihm auf ein übertriebenes Maß des Gewissens, so dass er sich dann in seiner Maßlosigkeit auch erlaubter Dinge enthält und sich schließlich den Ekel an anderen Tugenden zuzieht. Indem er wähnt, er kehrt zur Gerechtigkeit zurück und triefe nur so von

Gewissenhaftigkeit, bereitet er sich den Fallstrick der Ermüdung, weil er bei solcher unangemessenen Enthaltsamkeit die Zartheit des Mutes und der Vorsicht verlässt« (WM 73).

Mit Vorliebe wird der Mensch mit der fruchtbaren Erde verglichen. Die Erde bedarf der Pflege, muss zur rechten Zeit bearbeitet werden, ist angewiesen auf die Strahlen der Sonne und den wirksamen Regen. Wenn alle Bedingungen erfüllt sind, kann die Erde ihre Frucht bringen. So steht es auch mit dem Menschen, der sich von seiner Seele leiten lässt.

»Indem die Seele diesen Leib mit ihren Kräften durchtränkt, bewirkt und vollendet sie alle Handlungen mit dem Menschen. Der Mensch wird dabei zum blühenden Garten, in dem der Herr Seine Augen weidet, solange er nach der Richtschnur der Seele am Werke bleibt ... Der Mensch, der Gutes wirkt, gleicht einem Obstgarten, der von den Früchten guter Werke voll ist« (WM 139f.).

Die Hochzeitsgabe des Herrenmahles

»Als die Kirche sich in heiligen, starken Kräften zu entfalten begann, erhoben sich unter dem Wehen des Heiligen Geistes die hochheiligen Mysterien des Altares ... In ihnen verehrt die Kirche in innerster Hingabe ihr Hochzeitsgeschenk, den Leib und das Blut des Gottessohnes, und bietet sie in demütigem Gehorsam dem Schöpfer aller Dinge dar« (WM 191).

Wenn Hildegard über die Eucharistie nachdenkt und ihre Bedeutung für die Kirche und den Christen herausstellt, dann geschieht das meist im Zusammenhang mit ihrem Verständnis der Liturgie: Hier werden die zentralen Ereignisse der Heilsgeschichte gegenwärtig. In der sechsten Schau des zweiten Buches von »Sci vias« heißt es von der Kirche:

»Ganz überströmt von dem Blute der Seitenwunde, das mächtig in die Höhe sprudelte, wurde sie (die geschaute weibliche Gestalt) durch den Willen des himmlischen Vaters dem Sohne Gottes selig vermählt und empfing als kostbare Hochzeitsgabe sein heiliges Fleisch und Blut. Darauf hörte ich, wie eine Stimme vom Himmel zu Ihm sprach: ›Diese, mein Sohn, sei Dir Braut zur Wiederherstellung meines Volkes! Sie soll ihm Mutter sein. Den Seelen schenke sie das Leben durch die erlösende Wiedergeburt aus dem Geist und dem Wasser‹« (WW 188).

Wie kein anderes Sakrament empfindet Hildegard das Herrenmahl als einen Brückenschlag zwischen Himmel und Erde, zwischen dem Geschehen am Karfreitag und dem Heute. Die Opfergaben werden gewissermaßen zum Himmel hinaufgehoben und wieder auf den Altar herniedergelegt, »ähnlich wie ein Mensch beim Atmen die Luft einzieht und sie wieder aushaucht«. Dem Auge bleiben zwar die eucharistischen Gaben unverändert, aber der gläubige Blick weiß um ihre Verwandlung.

»Obgleich nun die Opfergaben für das Auge der Menschen noch das Aussehen von Brot und Wein hatten, waren sie doch in wahres Fleisch und wahres Blut umverwandelt. Deshalb erschienen auch sogleich vor meinen Augen wie einem Spiegel die Sinnbilder

der Geburt, des Leidens, des Begräbnisses, der Auferstehung und Himmelfahrt unseres Erlösers, des eingeborenen Sohnes Gottes, wie sich all dieses während seines irdischen Lebens zugetragen hat« (WW 188f.).

Der ganze Lebens- und Leidensweg Jesu, als Heils- und Erlösungsgeschehen verstanden, wird durch die Liturgie vergegenwärtigt. Und die Kirche ist es, die durch ihren liturgischen Vollzug das den Menschen angebotene Heil vermittelt.

»Als Er, das unschuldige Lamm, zum Heile der Menschen auf dem Altare des Kreuzes erhöht war, ging plötzlich aus dem abgrundtiefen Geheimnis des göttlichen Ratschlusses die Kirche hervor ... Als mein eingeborener Sohn in der Zeit den Kreuzestod auf Sich nahm, entriss Er der Hölle ihre Beute und führte die gläubigen Seelen zum Himmel« (WW 189).

Die Gaben sind zur Speise geworden, die Teilnehmer am gottesdienstlichen Geschehen werden zum Mahl geladen, wobei der Wortlaut Hildegards den Eindruck erweckt, die Frauen des Konvents hätten auch den Kelch gereicht bekommen.

»Sie sollen in tiefer Andacht den empfangen, der für sie gelitten und den zeitlichen Tod auf Sich genommen hat, damit in ihnen die Makel getilgt werde, mit der die Stammeltern die ganze Welt befleckt haben ... Denn wie Gottes Sohn beim letzten Abendmahl den Jüngern seinen Leib und sein Blut zur Speise gab, so reicht Er auch jetzt vom Altare den Gläubigen sein Fleisch und Blut ... Ergreifet den Becher des Heiles, damit ihr fest und männlich an die Gnade glaubet, durch die ihr erlöst seid. Dann werdet ihr durchströmt von dem Blute, das für euch geflossen ist. Berauscht euch in der Liebe, meine Liebsten, die ihr Überfluss empfanget an den Bächlein der Schriften« (WW 194).

Ostern – das Fest der Auferstehung Christi

»Und nun siehst du, wie der Lichtmensch, der Sohn der Morgenröte, von so großer Herrlichkeit umleuchtet wird, dass die menschliche Zunge sie nicht zu beschreiben vermag. Den adeligen Leib des Gottessohnes, der aus der lieblichsten Jungfrau geboren wurde und drei Tage – zum Hinweis auf die drei Personen in der einen Gottheit – im Grabe lag, berührt die Herrlichkeit des Vaters, und so empfing Er seinen Geist zurück und erstand in strahlendster Unsterblichkeit, die nie ein Mensch wird ausdenken oder beschreiben können. Ihn stellte der Vater mit enthüllten Wunden den himmlischen Chören dar: ›Dieser ist mein geliebter Sohn, den Ich gesandt habe, damit Er sterbe für das Volk.‹« (WW 152).

Hildegard kommt in ihrem Werk verhältnismäßig selten auf das österliche Geheimnis zu sprechen. Es versteht sich von selbst, dass auch für sie das Osterfest der Mittelpunkt des Kirchenjahres war und der Glaube an den Auferstandenen der zentrale Artikel des Credo war und blieb. Aber man braucht nicht dauernd darauf zurückzukommen, er bestimmt den Tag, die Woche, das Jahr und das Leben. Und beschreiben kann man den Vorgang der Auferstehung und die Gestalt des Auferstandenen sowieso nicht. – Wichtiger ist ihr, warum die Auferstehung Jesu für uns Menschen bedeutsam ist, was sie also auch für Auswirkungen hat.

»In Seinem Leiden und Tod zeigte Er, dass Er den Menschen von aller Schuld erlösen und in Seiner Auferstehung, dass Er ihn in die Gemeinschaft des himmlischen Reiches aufnehmen würde« (WM 270).

Unter den vielen Liedern Hildegards ist kein ausgesprochenes Osterlied dabei. Aber der »österliche Geist« durchweht viele Lieder. Im »Lied der Witwen«, zum Beispiel, heißt es:

»O herrlicher Vater,
wir eilen in glühendem Eifer zu dir,
wir seufzen nach dir
in liebender Reue, von dir uns geschenkt,
und nach unserm Schmerze umfangen wir dich,
die völlig ergeben.
O Christus, du Ruhmreicher, Schönster,
die Auferstehung des Lebens bist du (...)
In anderer Weise sind wir dir vermählt,
als wir es dem Fleisch nach sind vorher gewesen.
O hilf uns, beharrlich zu bleiben,
mit dir uns zu freuen,
und lass uns doch niemals getrennt sein von Dir!« (L 263).

Die Kirche darf Ostern feiern, weil sie davon überzeugt ist: Der Tod hat nicht das letzte Wort. Gott will sein großes Heilswerk weiterführen und der Ostertag ist der Wendepunkt, weil in Jesus der lichthafte Mensch erschien, der den Tod hinter sich gelassen hat. Aber wenn Hildegard auf den österlichen Jesus schaut, dann sieht sie in ihm auch schon den österlichen Menschen, der teilhaben darf am Licht der Vollendung.

»In Seiner Auferstehung zeigte Er, dass Er den Menschen in die Gemeinschaft des himmlischen Reiches aufnehmen würde« (WM 270).

»Der Mensch wird in der Kraft der Gottheit einhergehen, ohne allen Wechsel der Veränderlichkeit, weil er Glied Christi im Guten geworden ist, jenes Christus, der obwohl Gottes Sohn, in der Welt viel an Leiden und Widerspruch erduldete« (WM 178).

Der Blick auf den Auferstandenen ist also der Inbegriff der Hoffnung und der Zuversicht für Hildegard. Sie beobachtet den wandelbaren Menschen, der sich immerzu verändert und oft genug gar nicht weiß, wer er selbst ist und was der wahre Sinn seiner Existenz ist. Nur der törichte Mensch stellt keine Fragen und streckt sich nicht nach einer Sinndeutung seines Daseins aus.

»Er will nicht einmal wissen, ob es ein anderes Leben gibt, noch genau und gewissenhaft untersuchen, woher das wohl kommt, dass er eine so veränderliche Natur hat. Seine Kindheit und das Knabenalter, seine Jugend und die Reifezeit kann der Mensch noch begreifen; was aber nach der abgelebten Zeit aus ihm wird, das kann er auf keine Weise fassen, ebensowenig wie er verwandelt wird. Durch die Vernunft seiner Seele erkennt er, dass er einen Anfang hat. Was es aber damit auf sich hat, dass die Seele nicht stirbt und es kein Ende mit ihm nimmt, das kann der Mensch auf keine Weise wissen und begreifen« (WM 278).

So sehr ist Hildegard von der inneren Zusammengehörigkeit von Seele und Leib überzeugt, dass sie annimmt, die Seele verlange nach dem Sterben vehement nach der endgültigen Verleiblichung und könne allein nicht wirklich glücklich werden.

»Wenn die Seele ihren Leib verlassen haben wird, muss sie auf eine andere Weise mit ihm weiterleben, und dies kann sie, die gut ist, kaum aushalten. Darum schreit sie auf zu Gott und klagt: Wann werde ich meinen Leib wieder anziehen, mit dem ich doch leben durfte alle Tage unseres Lebens?« (H 103).

Der Blick Hildegards ist am Osterfest nicht rückwärts gewandt, sie blickt nach vorn, weil für sie das Ostergeheimnis sich erst in der Zukunft erschließt. Ihre Theologie ist immer auch eine Anthropologie und Kosmologie, ihre Christologie eine Soteriologie, weil sich das Jesusgeschehen auf die ganze Menschheit auswirken soll. Die Stimmen der Verstorbenen rufen nach dem Ende:

»Ihre Stimmen erbrausen wie das Rauschen vieler Wasser, da sie in ihrem Lobgesang einhellig eines Klanges sind. Eines Willens im begeisterten Geiste, tönen sie wie das Wasser des Heiles. Sie sprechen davon, wie sie einst nach Gottes Willen einen Leib besaßen, und wenn dieser auch in Staub zerfallen sei, so behielten sie dennoch ihre Sehnsucht nach ihm, um dereinst in um so größerer Freude in ihm leben zu können« (MV 52).

Wie kein Fest weist Ostern über sich hinaus und weckt schon die Freude am vollkommenen Leben.

»So wird Er in himmlischer Heiterkeit und im Glanze der höchsten Schönheit deine Seele erfüllen, erleuchtet wie von der Wohltat eines heiteren Tages. Er wird dein Gebein, die Gebeine deiner Glieder nämlich, die da Gutes und Heiliges taten, von aller Verderbnis befreien, dort bei der künftigen Auferstehung nämlich, wo nichts Sterbliches mehr Bestand hat, vielmehr alles gerufen wird, was heilig wird, was heilig und unversehrt ist« (MV 108f.).

»Der fünfte Monat ist lieblich und leicht und herrlich in allen Dingen der Erde. So ist auch dem Mund das Schmecken süß und ergötzlich; wird doch durch diesen Geschmack festgestellt und erkannt, was den Menschen mit Freude erfüllt« (WM 156).

Kein Monatsbild Hildegards hat einen so fröhlichen und jubelnden Charakter wie das vom Mai. Voller Dankbarkeit beobachtet sie das Blühen der Bäume, das Heranreifen der süßen Früchte. Und wenn sie im April vor allem mit der Nase die heraufkommenden Düfte wahrgenommen hat, so sind es jetzt die Augen, die sich am Reichtum der Natur nicht satt sehen können.

»Der fünfte Monat, der Mai, Träger allerlieblichsten Duftes der Blüten, macht des Menschen Herz so froh, weil in ihm schon alle Früchte der Erde – dem Menschen zur Freude – ans Licht sprießen« (WM 156).

Aber es bleibt natürlich nicht beim einfachen Betrachten der Schönheiten. Die Augen verstehen sich ja auf mehr als nur ein passives optisches Aufnehmen der vorgegebenen Dinge. Sehen heißt immer auch unterscheiden, heißt das Hintergründige erkennen und beurteilen. Hildegard hat ein rechtes Preislied auf die menschliche Sehfähigkeit angestimmt.

»Das Sehen – der Sinn der Augen –, womit der Mensch alles anschaut und begreift, hält mit Recht unter den übrigen Sinnen die Spitze. Seinem Ort nach höher als die anderen Sinne, erfasst das Sehen mehr als alle Sinnesorgane die entfernter liegenden Gegenstände. Daher ist dieses Sehen mit den Augen so angenehm, so herrlich, weil der Mensch damit durch Erkennen und Auslesen

Wertvolles und Minderwertiges unterscheiden kann ... Und so erkennt der Mensch mit der Schau seiner Augen den vollen Gebrauch der natürlichen Dinge auf eine ganz natürliche Weise. Dabei kommt er unter allem Sehenswürdigen, das ihm ins Auge fällt, zu einer Unterscheidung, auf Grund deren er sich dann mit aller Schärfe seiner Vernunft zu entscheiden vermag« (WM 156).

Es ist sicher kein Zufall, dass bei Hildegard gerade der Mai ein Augen-Monat ist. Die Tage werden immer länger und wärmer, die Menschen haben das Bedürfnis, ins Freie zu gehen, um den täglichen Fortschritt der Natur zu beobachten und sich an der Fülle der Erscheinungen zu erfreuen.
Aber der Mai ist auch ein Monat, den Hildegard mit dem Mund in Verbindung bringt. Es ist naheliegend, an den Mund zu denken, der durch das Geschmacksorgan uns zum Essen anreizt, der die Speise aufnimmt, sie mit den Zähnen zerkleinert, mit Speichel vermischt und damit der Verarbeitung und Verdauung zuführt.

»Durch den Mund wird der ganze Mensch erhalten« (WM 108).

Aber der Mund hat auch die Gabe, die Speisen zu differenzieren; es schmeckt uns ja nicht alles, die Zunge und der Gaumen mit ihren Papillen sind so sensibel, dass sie sofort eine Speise als süß oder salzig, bitter oder sauer kennzeichnen können. Hildegard spricht von der »Vernunft des Mundes« (WM 107). Und weil wir nicht nur beim Essen vom »Geschmack« reden, sondern auch bei der Beurteilung künstlerischer Werke, auch bei der Kennzeichnung des Verhaltens von Menschen im geselligen Umgang, wird also die Geschmacksfähigkeit als Gabe der Unterscheidung verstanden.

Und noch einen Schritt weiter müssen wir gehen: Der Mund dient uns ja auch zum Sprechen. Was wir sehen und erlebt haben, was an Gedanken in uns auftaucht, bedarf des Wortes, um wirklich verstanden werden zu können. Und unsere zwischenmenschlichen Beziehungen, der Austausch an Erfahrungen, ist auf den sprachlichen Dialog angewiesen und hängt von unserer »Mundfertigkeit« ab. Wir werden angesprochen und kommen dadurch zu uns selbst, wir dürfen antworten und knüpfen ein Beziehungsgeflecht, das wesentlich zur Sinnhaftigkeit unseres Daseins beiträgt. Selbst unsere Gottesbeziehung kann nur als Hören des göttlichen An-spruchs und Antwort des gläubigen Herzens beschrieben und gedeutet werden.

»Gott bezeichnet durch den ›Mund‹ des Menschen sein ›Wort‹, durch das Er alles geschaffen hat, gleichwie durch den Mund alles mit dem Klang des Geistes herausgebracht wird. Gar vieles bringt der Mensch mit diesem Laut hervor, wie auch Gottes *Wort* es beim Erschaffen in der Liebesumarmung tat, so dass Seinem Werk gar nichts fehlte. Und wie Wangen und Kinn um den Mund gelagert sind, so prägte sich diesem WORT bei Seinem Tönen jener Ursprung der gesamten Kreatur ein, damals, als alles erschaffen wurde« (WM 170f.).

Unser Mund erinnert uns also an das wirkkräftige Schöpfungsgeheimnis der göttlichen Kreation. Weil wir Anteil bekommen haben an der Schöpferkraft Gottes (wenn auch nur analog), deshalb dürfen wir auch selbst schöpferisch tätig werden.

»Gottes Schall erweckte alles zum Leben, so wie Gott dies im Menschen bezeichnet hat, der insgeheim das Wort in seinem Herzen spricht, ehe er es von sich gibt, jenes Wort, das beim Entsenden noch in ihm bleibt, und so ist das Gesprochene des Wortes im Wort. Als nun das WORT Gottes erklang, da erschien dieses WORT in jeder Kreatur, und dieser Laut war das Leben in jedem Geschöpf. Aus dem gleichen Wort heraus wirkt des Menschen Geist die Werke, aus dem gleichen Laut bringt die Vernunft ihre Werke tönend, rufend oder singend hervor, wie sie auch durch den Scharfsinn ihrer künstlerischen Fähigkeiten in der Kreatur tönende Musikinstrumente erklingen lässt. Ist doch der Mensch nach dem Bild Gottes durch seine lebendige Seele vernunftbegabt und zieht doch die Seele mit ihrer Glut das Fleisch an sich« (WM 171).

Wenn der Mai der Monat des besonders deutlich wahrnehmbaren Wachstums ist, nach den Bauplänen der Pflanzen und Tiere, dann ist es naheliegend, auch das seelisch-leibliche Wachstum des Menschen zu bedenken: Auch er soll blühen und wachsen und gedeihen, aber er soll dabei nie vergessen, dass er selbst ein Ausfluss des göttlichen Liebeswillens ist.

Viriditas –
die schöpferische und heilende Grünkraft

»Durch Sein lebendiges Wort befahl Gott, dass die mütterliche Erde zu Wuchs und Blüte der Kräuter aufgrüne und schöpferischen Samen trage. Sie sollte sich mehren in ihrem Samen, durch den sie wiederum neugeboren wird, da aller Keim seinen eigenen Samen in sich trägt, damit er in seiner Natur nicht dahinschwinde. Auch befahl Er, dass das fruchtbringende Holz keime und für die Nahrung fruchtbar werde, indem es seiner Art nach den Samen in sich trägt, aus dem es abermals keimt, wenn es in die Erde fällt. Und so erfüllte sich alles. Es war, wie wenn ein Diener mit heiterem Gemüte dem Geheiß seines Herrn nachkommt, da der Hausvater ihn ruft, ihm seine Geschäfte anvertraut und ihm anzeigt, was bei jedem zu tun ist. So sollte auch die Erde mit Freuden zu den Befehlen ihres Herrn hin angeregt werden, um diese in allen Dingen zu erfüllen« (WM 217).

Gott hat bei seinem Schöpfungswerk Grundkräfte in die Materie gesenkt, die sich nun weiter entfalten und wirksam werden sollen. Vor allem die »gründende Lebenskraft der Kräuter« ist die tröstliche Mitgift, die nun der Schöpfung eingestiftet ist und die sich immer wieder neu heilend und fruchtbringend auswirkt. – »Viriditas« ist zu einer Lieblingsvokabel Hildegards geworden, gleichsam ein Erkennungszeichen ihrer Weltschau und ihrer Zuversicht zu dieser gottgewollten Schöpfung. Kaum ein anderes Wort kommt so häufig in ihrem Werk vor, es dient ihr als sichtbares Zeichen der Treue Gottes, als immer wieder neu erfahrenes Signum der Bundestreue Gottes.

»Der Schöpfer ist mit Seiner Schöpfung im Bunde, wenn Er ihr die grünende Lebensfrische und die fruchtbare Lebenskraft eingießt. Ganz schwarz würde die Schöpfung werden, wenn sie sich in irgendeiner Verpflichtung dem göttlichen Geheiß entziehen wollte; wohlgebildet aber blüht sie, solange sie in der rechten Verbindlichkeit ihren Aufgaben nachkommt. Nur so allein bleibt in jeder Lage das Leben verantwortlich, und es gedeiht ein guter Ruf, weil alle Bedürfnisse wohl durchdacht und recht geordnet befriedigt werden« (MV 238).

Die viriditas ist das besondere Geschenk Gottes an seine Schöpfung, ein Unterpfand seiner Zuwendung und durchgehaltenen Nähe. Aber für den Menschen ist damit verbunden die Aufgabe, diese heilspendende Grünkraft dankbar anzunehmen und mit ihr im Sinne des großen Schöpfungsplanes zu wirken. Vor allem ist aber die Quellkraft der viriditas ein immerwährender Grund zur Freude.

»Ich nehme die Blüte der Rosen und Lilien und die ganze Grünheit zärtlich ans Herz, indem ich allen Gottes-Werken ein Lob singe« (MV 228).

Hildegard stößt auf Schritt und Tritt auf diese elementare Grundkraft der Natur, die ihr der naheliegendste Erweis des gütigen Gottes ist. Weil wir uns auf diese Gabe des Wachsens und Erneuerns verlassen können, verspüren wir Tag für Tag den verlässlichen Halt des Schöpfers, dessen Kraft in seinem Werk steckt.

»Aus der äußerst starken Macht des Schöpfers gehen die Kräfte der Elemente hervor, die da die Welt halten und tragen, indem sie den verschiedenen Kreaturen Wärme, Feuchte, die Grünkraft und den Halte verleihen, um sie keimen und wachsen zu lassen« (MV 146).

Auf jeder Seite ihres Werkes wird spürbar, wie sehr Hildegard eine Liebhaberin der Erde war, der Elemente, der Pflanzen, der Tiere, der Menschen. Das Ganze der Welt lag ihr am Herzen. Ihre Beobachtungen und Studien dienen dazu, den Gesetzmäßigkeiten der Schöpfung auf die Spur zu kommen, weil sie dadurch auch immer eine Kunde des guten Gottes bekam.

»Was die Grünkraft hat, lebt, wie etwa der Baumbestand; was innere Feuchtigkeit besitzt, so wie die Pflanzen, weil dies alles nach göttlicher Einrichtung sowohl aus der Erde wie auch aus der Luft durchfeuchtet wird. So hält das Wasser die Feuchte in ihrer inneren Wirksamkeit zusammen und lässt jeden Samen, je nachdem wie Gott es bestimmt hat, aus sich hervorgehen« (MV 231).

Was Hildegard im aufkeimenden Leben der Natur beobachtet, das nimmt sie auch im Leben der Menschen wahr, auch in ihnen ist die viriditas wirksam. Vor allem in den seelischen Kräften der Steuerung des Willens, der Erkenntniskraft und der Entscheidungsfähigkeit.

»Und wie die Welt ohne die ganze Fülle der Fruchtbarkeit wäre, wenn sie nicht in der grünenden Lebenskraft keimen würde, so bliebe die Seele ohne die Ehre und die Glückseligkeit ihrer guten Werke, wenn sie nicht blühen würde in der Vernunftkraft ihres Wissens um Gut und Böse« (WM 131).

Der Mensch soll sich also von der Grünkraft durchdringen lassen wie von einem geheimnisvollen Lebenswasser.

»Die Seele ist die grüne Lebenskraft des Fleisches, da ja der Körper durch sie wächst und vorwärts kommt, wie die Erde durch die Feuchtigkeit fruchttragend ist. Und die Seele ist auch die Feuchte des Leibes, weil sie jenen benetzt, dass er nicht austrockne, so wie der Regen in die Erde strömt« (WM 91).

Nicht nur Lebenskraft braucht der Mensch, sondern immer auch Erkenntnisfähigkeit und die Unterscheidungsgabe, damit sein Handeln nicht in die Irre führt.

»Denn alle Werke ... werden durch die Vernunft der luftartigen und vernunfthaften Seele mit der Grünkraft des Gewissens, mit der Wärme der Sinnenhaftigkeit und mit der Feuchte der Weisheit zur Erkenntnis des Menschenwesens geführt, wie auch die Luft durch das Grünen, die Wärme und die Feuchtigkeit alle keimenden Früchte zu ihrer Reife führt« (WM 128).

Nun gibt es ja in unserer Welt nicht nur die Fruchtbarkeit der Erde und das Gelingen des Menschenlebens. Wir können überall auch das Verdorren und Wüstwerden der Erde beobachten, das katastrophale Fehlverhalten des Menschen, fragwürdige Entwicklungen, zerstörerische Folgen. Wo ist die tröstliche Grundkraft der viriditas geblieben? – Hildegard wusste durchaus auch von den schlimmen Folgen menschlicher Habgier, den Konsequenzen eines falschen Umgangs mit der Erde. Sie schildert mit einer verblüffenden Genauigkeit die Krise, in der wir uns heute befinden.

»In jener Zeit welkte die Grünkraft der Tugenden dahin, und alle Gerechtigkeit neigte sich dem Untergang zu. Dementsprechend ging auch die grünende Lebenskraft der Erde in allem Keimen zurück, da der obere Luftbereich in eine andere Weise umgewandelt worden war, die seiner ersten Bestimmung widersprach. Der Sommer bekam jetzt eine widersprüchliche Kälte und der Winter hatte oftmals eine paradoxe Wärme. Es entstand auf der Erde eine solche Dürre und solch eine Feuchte ..., dass viele behaupteten, der Jüngste Tag stünde bevor« (WM 287).

Hildegard spricht von den Brandmalen und den Verwundungen der Erde, so dass die Grünkraft der Erde ausdörrt und vertrocknet. Aber sie nimmt auch wahr, dass die Erde wieder heilen kann, und dass sich die Natur von ihrer schweren Krise erholt.

»Und schließlich sah ich, wie aus der zarten Luftschicht eine Feuchtigkeit über die Erde hin entströmte, welche die Grünkraft der Erde wiederentdeckte und alle Früchte keimträchtig und zeugungsfähig werden ließ« (WM 79).

Die Verwobenheit des Menschen mit seiner Umwelt, die Wechselwirkung von Naturbereich und Menschenwelt, ist Hildegard so selbstverständlich, dass sich ein Schuldigwerden des Menschen immer auch auf die ihn umgebende Schöpfung auswirkt. Damit eine Heilung möglich wird, muss zunächst einmal der Mensch gereinigt werden.

»So oft auch die Elemente der Welt durch die schlechten Taten der Menschen geschändet wurden, wird Gott sie durch die Qualen und Drangsale der Menschen wieder reinigen, denn Er will, dass alle Welt vor Seinem Angesicht rein sei, wie sie auch von niemandem zu Ende gebracht oder vermindert werden könnte« (MV 147).

Damit sich die Heilkraft der viriditas aufs Neue auswirken kann, muss der schuldig gewordene Mensch seine Verstrickung in die Sünde zugeben und Reue üben. Aber dadurch wird ihm die Chance zum Neubeginn gewährt.

»Und so erhebt sich aus Seufzern und Tränen die grünende Lebenskraft der Reue. Von seinen guten Taten aufs Neue geweckt, prüft der Mensch die Schwere seiner Sünden mit solchem Ernst und in solcher Reue, dass Fleisch und Glieder oft ausgedörrt werden.

In seinem Herzen wächst eine solche Bitterkeit, dass er in seinem Innern oftmals spricht: ›Warum bin ich zu solchen Verbrechen in die Welt gesetzt? ... Ich vertraue darauf, dass Er mich nicht verachte, mich vielmehr von den Sünden befreie und sogar durch das Antlitz Seiner heiligen Menschheit mich Reuigen im wahren Glauben aufnehme‹« (WM 104).

Schuld und Fehlverhalten lassen die viriditas verkümmern und unwirksam bleiben, die entschlossene Umkehr und das innere Erwachen dagegen bewirken die rettende und belebende Tätigkeit. Wie ein Acker umgepflügt und geeggt wird, damit er die Saat aufnehmen und eine künftige Ernte spenden kann, so bedarf auch der Mensch eines solchen Umbrechens.

»Gottes Wort erweckt ja die schlafenden Herzen der Menschen und lässt sie in der wahren Schau des Glaubens sehen. Die sich vorher im Unglauben wie in ungepflügter Erde befanden, hat Er hernach in der Gnade des Heiligen Geistes mit dem Pflug des Glaubens umgeackert. Er hat sie zu lebendiger Erde gemacht, die in aller fruchtbarer Grünkraft erblüht und volle Frucht trägt« (WM 219).

Ein Charakteristikum der Sehweise Hildegards ist, dass sie »Natur« und »Gnade« nicht säuberlich trennt. Wenn überall die Wirksamkeit Gottes erkannt werden kann, dann ist auch überall seine Gnade am Werk, im »natürlichen« wie im »übernatürlichen« Bereich. Auf allen Ebenen unserer Erfahrung kann sie die viriditas beobachten: in der Natur, wenn im Frühling sich die schlafenden Lebenskräfte regen und alles erneuern; im Menschenleben, wenn die seelischen Kräfte zum rechten Tun angetrieben werden; bei der Krankheit, wenn die Grünkraft die Heilungskräfte mobilisiert; in seelischen Krisen, wenn sie durch den Impuls zur Umkehr und Besinnung einen Neuanfang ermöglicht.

Aber es gibt noch eine weitere Dimension der viriditas: Sie entspricht in ihrer vollkommenen Entfaltung dem endzeitlichen Paradies. In der Herrlichkeit nimmt die Seherin eine Luftschicht wahr, die ein Strahlen entsandte, »stärker als der Sonne Strahl, und sie schwang in einem Wehen und trug alle Grünkraft der Kräuter und Blumen des Paradieses wie der Erde in sich, voll vom Duft aller Lebensgrüne, so wie auch der Sommer den allersüßesten Duft der Kräuter und Blumen trägt« (MV 283). Die einzigen hilfreichen Bildvorstellungen, die über unsere irdischen Erfahrungen hinausreichen und schon eine Ahnung der vollkommenen Welt vermitteln können, sieht Hildegard in einer blühenden und duftenden Natur.

> »Dieses Paradies ist mit einem Blühen voller Lieblichkeit, das nie mehr welkt, geschmückt; und es ist vom allersüßesten Duft wohlriechender Kräuter durchdrungen« (MV 287).

Der Stufenweg der viriditas hat hier ihre oberste Sprosse erreicht, so wie die Schöpfung – und mit ihr der Mensch – sein Ziel gefunden hat.

> »Dieser Glanz durchdringt und durchstrahlt die Herrlichkeit des Paradieses, und er hält sie, wie du siehst, in der Lebenskraft der Grünheit und der Schönheit zurück. In dieser Höhe des Himmels leben der Lohn und die Freuden, welche dort von Ewigkeit her für die gläubigen Seelen bestimmt sind, die sich in der ganzen Leidenschaftlichkeit ihrer innersten Ergebenheit von den irdischen zu den himmlischen Werten hin erhoben hatten« (MV 288).

So hat denn Hildegard auch einen Hymnus auf die hochedle Grünkraft angestimmt:

»O edelstes Grün, in der Sonne du wurzelst,
du leuchtest in strahlender Helle
im Kreise,
den irdisches Sinnen und Sein, noch so hoch,
kann niemals erfassen.
Umfangen wirst du von den Armen
der Geheimnisse Gottes.

Du schimmerst wie Morgenrot,
brennst wie die Sonnenglut« (L 259).

Vom rechten Bitten

»Herr Gott, Du hast es eingerichtet, dass die gerechten und richtigen Wünsche der Gläubigen Deine Leiter sind, damit Du herrschen kannst in ihren Herzen« (WM 260).

Warum sollen wir unsere Bitten vortragen? Warum ist unser Gebet meist auch ein Bittgebet? Gott weiß doch, was wir brauchen und was uns Not tut. – Aber es ist um unseretwillen wichtig, dass uns unsere eigenen Wünsche bewusst werden und wir unsere Bitten aussprechen. Dadurch klärt sich etwas in unserem Inneren, wir spüren unsere Bedürftigkeit und Abhängigkeit. Und weil wir ja meist voll von unnötigen Wunschvorstellungen sind und unsere Sehnsüchte lawinenartig anwachsen, ist es wohl auch notwendig, dass wir sie durch unser Aussprechen sortieren: Was ist wirklich wichtig und was sind spontan auftauchende Wünsche, die wir schnell wieder als fragwürdig entlarven? Aber wir bleiben immer Wünschende und Bittende, halten unsere Hände auf, bekennen uns als Bettler und Bedürftige. Und wenn wir das zugeben, kann uns Gott auch das geben, was wir für unser Dasein brauchen. Er kann sich als der Schenkende erweisen. Wie aber lernen wir, die rechten Bitten zu sprechen, unsere wahren Sehnsüchte zu erkennen? Hildegard lauscht auf Gottes Stimme und hört:

»Ihr verbietet eurer Seele ihr Sehnen und nötigt sie, den Willen des Fleisches zu tun und keine Hilfe bei Mir zu suchen. Wer aber kann jemandem antworten, dessen Stimme und Worte er nicht hört? Niemand. Ihr richtet ja keinen Hilferuf an Mich! Und welche Gabe soll dem gegeben werden, der gar nichts fordert, vielmehr mit stummem Munde vor dem Geschenke flieht? Wahrhaftig keine! So verlangt ihr auch nichts von Mir! Jene Menschen aber, die nicht im Sehnen ihrer Seele zu Mir aufschreien, die nicht mit Herz und Sinn nach Mir verlangen, die Mich vergessen haben, als hätte Ich ihnen nicht das Gewissen gegeben, diese kenne Ich nicht« (MW 215).

Wir sollen also nicht nachlassen mit unserem Bitten und Flehen. Wir haben eine Stimme bekommen, damit wir rufen können, haben Arme, um sie auszustrecken, haben Sehnsüchte, damit wir nicht bleiben, wie wir sind, sondern schrittweise uns dem Ziel nähern.

»Seufzt der Mensch zum Namen seines Vaters auf, ruft er Ihn in rechtem Verlangen an, dann eilt der Schutz der Engel ihm zur Seite ... Bei seinem sehnsüchtigen Verlangen nach dem Guten schenkt Gott dem Menschen gleichsam Milch, zuerst ganz zart; dann gießt Er die Ströme Seiner Gnade in ihn hinein, durch die er kraftvoll von Tugend zu Tugend emporsteigt. Durch diese Gotteskräfte wird er bis zum Tage seines Todes immer wieder neu« (WM 182).

Pfingsten – das Fest des Heiligen Geistes

»Gott, der Herr aller Völker, sandte Seinen Heiligen Geist über die Apostel und die anderen Gläubigen, die im katholischen Glauben an Zahl gewachsen waren, auf dass ihre Lehre den ganzen Erdball durchdringe« (WM 208).

Mit diesen knappen Worten schildert Hildegard das Pfingstgeschehen. Dabei ist auffällig, dass sie nicht etwa den Bericht der Apostelgeschichte heranzieht, sie kommt vielmehr in ihrer Auslegung des Schöpfungsberichts auf das Pfingstgeheimnis zu sprechen. »Und der Geist Gottes schwebte über den Wassern«, liest sie in der Genesis, diesem Vers fügt sie noch ein Psalmwort an: »Die Stimme des Herrn dröhnet über den Wassern. Der Gott der Herrlichkeit ließ donnern. Die Stimme des Herrn war über mächtigen Gewässern« (Ps 28,3). Der Geist des Weltenbeginns ist es auch, der jetzt im Kommen ist, um die Welt zu verwandeln und Menschen in Bewegung zu versetzen.

»Gott sprach durch den Heiligen Geist, als Er den Aposteln sagte: ›Ihr sollt ein brennendes Licht sein und die Wahrheit im Namen der Heiligen Dreifaltigkeit lehren.‹ Sobald sie vom Heiligen Geiste entzündet waren, öffneten sie ihre Verschlossenheit und wurden ein Licht, und so erglänzten sie in der Welt mit ihren Lehren« (WM 209).

Über die Besonderheit des Heiligen Geistes möchte Hildegard nicht spekulieren, wichtiger ist ihr die Wirkung dieses Geistes. Im Menschenherzen will er Wohnung nehmen.

»Gott spricht zuweilen in der Weite des Menschenherzens. Wie geht das zu? In der Süße des Heiligen Geistes, weil im Menschen selbst der Ort Seines Wohnens leuchtet. Deshalb schafft Er die Werkzeuge der Tugenden zum Schutz Seines Werkes, das Er in ihm begonnen.«

Der Geist mit seinen Gaben ist ihr wichtig. Durch diese Gaben will er zunächst uns Menschen und dann die Welt verwandeln.

»Die Seele im menschlichen Körper hat vom Anbeginn ihrer Werke an bis zu deren Vollendung die sieben Gaben des Heiligen Geistes mit gleichmäßigem Eifer zu verehren. Zu Beginn ihres Tuns befrage sie die Weisheit, und am Ende behalte sie die Furcht des Herrn; in ihrer Mitte sei Kraft verliehen, mit Verstand und Rat festige sie sich in den himmlischen Dingen, mit Wissenschaft und Frömmigkeit umgebe sie sich in irdischen Angelegenheiten, die in gleichmäßiger Ehrfurcht als Hilfskräfte umarmt werden sollen. Alsdann trage diese Seele Sorge, dass sie zunächst in Weisheit sich ausbreite, am Ende aber in der Furcht mit Ehrfurcht sich zusammenhalte, sich dazwischen aber in Kraft mit dem Schmuck des Verstandes und des Rates ziere und sich schließlich mit Wissenschaft und Frömmigkeit festige. Eins von diesen schließt sich dem anderen an, auf dass das gute Werk in Ehrsamkeit vollendet werde: Der Geist der Weisheit und der Geist der Kraft, aber auch der Geist der Furcht des Herrn – sie alle durchtränken die Seele eines Menschen derart, dass er in wirklicher Stärke wahrhaft auftrete, bei allem die Furcht walten lasse und so auch mit den übrigen Gaben des Heiligen Geistes im gleichen Mute sich zu seinem obersten Schöpfer verhalte« (WM 93).

Vom Menschen wird erwartet, dass er sich dem Hauch des göttlichen Geistes öffne; dann können sich die »Pläne Gottes« verwirklichen. Das hat schon in der Geburtsstunde der Kirche, am Pfingsttag, den ersten großen Impuls bewirkt.

»Alle Menschen, beiderlei Geschlechts, die Ihn im Glauben aufnahmen als Gott und als Mensch (denn Gott wird zunächst im Glauben erfasst, dann wird Gott als Mensch aufgenommen), alle erhielten aus Seiner gewaltigen Machtfülle jene Kraft, in freier Entscheidung Söhne des Vaters im himmlischen Reiche zu werden. Das heißt, sie sollten als Erben Seines Vermächtnisses mit Ihm Anteil haben an Seinem Reich, und zwar in der gleichen Macht, aus der heraus der Sohn Erbe seines Vaters ist. Die Ihn als ihren Gott und Schöpfer anerkannten, Ihn in Liebe empfingen und Ihm den Kuss des Glaubens schenkten, die ihr Eigenes von Ihm eifrig und sorgfältig durchforschen ließen, all diese wurden vom Tau des Heiligen Geistes überströmt. Aus ihnen begann alsbald die ganze Kirche zu sprießen und die Früchte höchster Freuden zu tragen. Daher ist es ihnen gegeben, durch die Kraft des wahren Glaubens Kinder Gottes zu sein« (WM 179f.).

Weil der Geist schon bei der Schöpfung über den Urwassern schwebte, deshalb ist das Wasser in besonderer Weise ein Element, das an die Geistwirkung erinnert.

»Der Mensch wird selber ein springender Quell aus dem Wasser des Lebens; aus dem Gnadengeschenk des Heiligen Geistes strömen all seine Werke so sehr in Heiligkeit, dass die Taubenaugen des Heiligen Geistes sie anschauen können. Sind doch diese Wasser die Gläubigen, ein Wasser, das nicht geleert, nicht ausgetrocknet werden kann; kein Mensch wird je an ihm satt. Diese Wasser strömen aus dem Osten; und kein Mensch kann, solange er im Leibe weilt, ihre Höhe erschauen noch ihre Tiefe ergründen, weil die Wasser, mit denen der Mensch zum Leben wiedergeboren wird, vom Heiligen Geist durchnetzt wurden« (WM 58).

In der ganzen Schöpfung ist etwas von der Gegenwart und Wirksamkeit des Heiligen Geistes spürbar. Wenn es irgendwo Leben gibt, dann durch den Geist. Und ganz besonders im Menschen ist seine Lebendigkeit und Fruchtbarkeit nicht ohne den Geisthauch zu denken.

»Der lebendige Bronnen ist der Geist Gottes; ihn hat Gott in all Seine Werke aufgeteilt. Aus diesem Quell leben sie, von ihm haben sie das lebendige Leben, wie auch der Schatten aller Dinge im Wasser erscheint, und es gibt kein Ding, das ganz und gar erkennen könnte, woher es lebendig sei; es spürt vielmehr nur dunkel, wodurch es bewegt wird. Und wie das Wasser alles, was in ihm ist, fließend macht, so ist auch die Seele ein lebendiger Geisthauch, der immerfort im Menschen west und ihn durch Wissen, Denken, Sprechen und Wirken gleichsam fließen macht« (WM 265).

Hildegard denkt nicht weiter über das Zueinander von Gott-Vater und Heiligem Geist nach, an einer Systematik und einer theologischen Lehre ist ihr nicht gelegen. Aber das göttliche Wirken schreibt sie zumeist dem Heiligen Geist zu, er ist der Schöpfergeist.

»Die Herrlichkeit der Flamme des Heiligen Geistes ist der Klang des Wortes, das alles erschaffen hat. Der Heilige Geist befruchtete den Schoß der Jungfrau, und Er kam in Feuerzungen auf die Jünger des Gottessohnes herab und wirkte durch sie und ihre Nachfolger viele Wunder« (WM 288).

Im Sakrament der Firmung soll den Christen dieser Heilige Geist vermittelt werden, damit sie immer stärker vom Geist der Mündigkeit erfasst werden.

»Darum höret, ihr Söhne der Wahrheit, und verstehet die ›Firmung‹, die Festigung durch den Heiligen Geist, die Er euch in der weichen Salbung seiner herrscherlichen Macht gütig bietet – denn Er ist der Herr aller Salbungen« (WW 172).

Gott – der Dreifaltige

»Alles Leben erglüht aus mir. Das ewig sich gleichbleibende Leben bin ich, ohne Ursprung und ohne Ende. Eben dies Leben ist Gott, stetig sich regend und ständig am Werk, und doch zeigt sich dies eine Leben in dreifacher Kraft. Denn die Ewigkeit wird ›der Vater‹ genannt, das Wort ›der Sohn‹, der Hauch, der beide verbindet, ›der

Heilige Geist«. Und so hat es Gott auch im Menschen gezeichnet; in ihm sind der Körper, die Seele und die Vernunft« (WM 26).

Ein Leben lang hat Hildegard über das Gottesgeheimnis nachgedacht. Und immer wieder neu ging ihr die Dynamik dieses Gottes auf, der sich uns auf so verschiedene Weise kundgibt. Und weil wir vor allen Dingen auf uns selbst verwiesen werden, da der Mensch ja als das eigentliche »opus« Gottes verstanden wird, können wir in unserer eigenen Existenz die Spur des dreifaltigen Gottes entdecken. So lauscht sie auf die Stimme der göttlichen Weisung, die ihr Aufschluss gibt:

»Dass ich über die Schönheit der irdischen Gefilde flamme, das bedeutet: Die Erde ist der Stoff, aus dem Gott den Menschen gebildet, und dass ich leuchte in den Gewässern, das deutet hin auf die Seele, die den ganzen Leib durchdringt, so wie das Wasser die ganze Erde durchströmt. Dass ich brenne in Sonne und Mond, weist hin auf die Vernunft; sind doch die Sterne unzählbare Worte der Vernunft. Und dass ich mit dem Lufthauch wie mit unsichtbarem Leben, das alles hält, das All lebensvoll erwecke, das sinnbildet: Durch Luft und Wind wird das, was im Wachstum reift, belebt und erhalten, und es weicht in nichts von dem ab, was in ihm ist« (WM 26).

Hildegard will uns nicht theologische Spekulationen über die Trinität vortragen, sondern lädt uns ein, Erfahrungen mit den sichtbaren Elementen unserer Welt zu machen. Da ist einmal die festgefügte Erde, auf der wir stehen und die uns trägt und nährt: Sie erinnert uns an unsere Leibhaftigkeit, die uns gewährt wurde. – Aber die Erde muss durch das Wasser verlebendigt werden, damit sie fruchtbar wird, wie unser Körper erst durch die Beseelung zu seiner Lebendigkeit kommt.

Und schließlich kommt die Weite des Luftraums dazu, der Wind mit seiner befruchtenden Kraft und die Stärke des Sonnenlichts, damit Wachstum und Ernte erwartet werden können: Da denkt Hildegard an den menschlichen Geist und die vernehmende Kraft der Rationalitas, die uns erst zu wirklichen Menschen macht.
Wenn Hildegard über Gott nachdenkt, dann fällt ihr die Verfasstheit des Menschen ein, weil sich in ihm etwas von den Geheimnissen Gottes spiegelt. Denkt sie über den Menschen nach, dann erkennt sie, wie sehr er ein Spiegel Gottes sein darf.

»Gott, der mich erschaffen, der wie ein Herr Seine Gewalt über mich hat, ist auch meine Kraft, weil ich ohne Ihn nichts Gutes zu tun vermag, weil ich nur durch Ihn den lebendigen Geist habe, durch den ich lebe und bewegt werde, durch den ich alle meine Wege kennen lerne« (WM 66f.).

In ihrem ersten Visionswerk »Sci vias« geht Hildegard auf das Wort des 1. Johannesbriefs ein: »Drei sind, die Zeugnis geben auf Erden: der Geist, das Wasser und das Blut, und diese drei sind eins« (1 Joh 5,8). In ihrer Deutung setzt sie wieder das innertrinitarische Leben in Beziehung zum Menschen.

»Der Geist ist kein lebendiger Mensch ohne den vom Blute erfüllten Körper. Aber auch dieser ist kein lebendiger Mensch ohne die Seele, und beide können nur durch das Wasser der Wiedergeburt zum Gnadenleben des neuen Gesetzes erstehen ... Der Geist, der körperlichen Augen unsichtbar lebt, ist ein Sinnbild des Vaters, der von keinem Geschöpfe abgeschätzt werden kann. Das Wasser, das vom Schmutze reinigt, bedeutet das Wort, den Sohn, der durch sein Leiden die Makel der Menschen tilgte, und das Blut, das im Menschen kreist und ihn erwärmt, stellt den Heiligen Geist dar, der die herrlichsten Tugenden in den Menschen erweckt und entzündet« (WW 267).

Die Erfahrungen mit dem Dreifaltigen Gott führen bei Hildegard aber nicht dazu, die drei Personen so voneinander zu trennen, dass darüber die göttliche Einheit vergessen wird; sie betont vielmehr die »eine einzige Lichtfülle« und möchte nur die »göttliche Dynamik« für unsere Wahrnehmung herausstellen.

»Der Vater, die gerechteste Gerechtigkeit, ist nicht ohne den Sohn und den Heiligen Geist, der Heilige Geist, der Herzensentzünder, nicht ohne den Vater und den Sohn, die Fülle aller Fruchtbarkeit, ist nicht ohne den Vater und den Heiligen Geist. Untrennbar sind sie in der Majestät der Gottheit, denn der Vater ist nicht ohne den Sohn, noch der Sohn ohne den Vater, noch der Vater und Sohn ohne den Heiligen Geist, noch der Heilige Geist ohne den Vater und Sohn ... Die Gottheit kann nicht gespalten werden. Immerdar bleibt sie unverletzlich, ohne jede Veränderlichkeit« (WM 204f.).

Wenn es aber darum geht, dieses trinitarische Geheimnis unserem menschlichen Verstehenshorizont näher zu bringen, dann müssen nachvollziehbare Bilder und anschauliche Symbole gefunden werden. Hildegard zieht gleich drei Wirklichkeitsbereiche heran, die helfen sollen, das darzustellen, was mit trockenen Begriffen nicht vermittelt werden kann. Der erste Hinweis gilt dem Stein, der – ihrer Einschätzung nach – eine feuchte Grüne, eine tastbare Geschlossenheit und ein funkelndes Feuer hat.

»Die feuchte Grüne sinnbildet den Vater, der nie verdorrt und nie zergeht. Die tastbare Geschlossenheit deutet auf den Sohn, den man, da Er aus der Jungfrau geboren wurde, berühren und betasten konnte. Das funkelnde Feuer ist das Bild des Heiligen Geistes, der die Herzen der Gläubigen entzündet und erleuchtet.«

Der zweite gleichnishafte Bereich ist das flammende Feuer, das über sich hinausweist und transparent werden kann.

»Die Flamme hat in dem einen Brand drei Kräfte. So ist der Eine Gott in drei Personen. Die Flamme brennt in glänzendem Lichte, in purpurnem Hauch und in feuriger Glut. Durch das glänzende Licht leuchtet sie, durch den purpurnen Hauch flammt sie, durch die feurige Glut wärmt sie. In dem glänzenden Lichte betrachte den Vater, der aus Vaterliebe seine Herrlichkeit den Gläubigen ergießt. In dem purpurnen Hauch, der ihr innerlich eigen ist, und durch den sie ihre Kraft bezeugt, erkenne den Sohn, der aus der Jungfrau einen Leib annahm, an dem die Gottheit ihre Wunder kundtat. In der feurigen Glut schaue den Heiligen Geist, der die Geister der Gläubigen zündend durchströmt.«

Das dritte Phänomen schließlich ist das gesprochene Wort, die durch den Schall weitergetragene Stimme; sie trägt dazu bei, dass wir uns verständigen können.

»Auch im Worte kann man drei Dinge unterscheiden, in denen die Dreiheit in der Einen Gottheit schaubar wird. Inwiefern? Im Worte sind Schall, Prägung und Hauch. Der Schall bewirkt, dass das Wort gehört wird, die Prägung, dass es verstanden wird, der Hauch trägt es seinem Ziele zu. Im Schalle erkenne den Vater, der mit unsagbarer Macht alles weithin offenbart, in der Prägung den Sohn, der wundersam aus dem Vater gezeugt ist, im Hauche den Heiligen Geist, der milde in Ihnen brennt ... So sind der Vater, der Sohn und der Heilige Geist nicht voneinander getrennt, einmütig wirken Sie ihr Werk« (WW 156f.).

Die Weisheit

»Alle Ordnung der Weisheit ist sanft und milde, da sie ihr Gewand im Blut des barmherzigen Lammes wäscht, wenn sie von Schmutz bespritzt ist. Daher muss die Weisheit mehr als alle Schönheit der Schöpfung geliebt werden und wird von allen heiligen Seelen als liebenswert erkannt, da sie sich nimmer an ihrem liebenden Anblick ersättigen können« (WM 279).

Wer ist die Frau Weisheit, die vor aller Schöpfung geliebt werden und als liebenswert erkannt werden soll? – Hildegard muss die alttestamentliche Weisheitsliteratur hoch eingeschätzt haben, in der so ausführlich und bilderreich die Weisheit beschrieben wird: »Sie ist schöner als die Sonne und übertrifft jedes Sternbild. Sie ist strahlender als das Licht« (Weisheit 7,29). »Sie habe ich geliebt und gesucht von Jugend auf, ich suchte sie als Braut heimzuführen und fand Gefallen an ihrer Schönheit« (Weisheit 8,2).

Die Weisheit kommt sogar selbst zu Wort und bekennt von sich: »Der Herr hat mich geschaffen im Anfang seiner Wege, vor seinen Werken in der Urzeit ... Ich war seine Freude Tag für Tag und spielte vor ihm allzeit ... Wer mich findet, findet Leben und erlangt das Gefallen des Herrn« (Sprüche 8,22.30.35). »Kommt zu mir, die ihr mich begehrt, sättigt euch an meinen Früchten!« (Sirach 24,19).

Hildegard muss fasziniert gewesen sein von der Vorstellung, dass Gott nicht nur in seiner ehernen Macht uns begegnet, sondern dass er uns mit seiner »mütterlichen Barmherzigkeit« liebt, wie sie oft betont. Im Buch der Weisheit wird der »Geist der Weisheit« so vorgestellt: »Er ist gedankenvoll, heilig, einzigartig, mannigfaltig, zart, beweglich, durchdringend, unbefleckt, klar, unverletzlich, das Gute liebend, scharf, nicht zu hemmen, wohltätig, menschenfreundlich, fest, sicher, ohne Sorge, alles vermögend, alles überwachend und alle Geister durchdringend« (7,22f.). Diese machtvolle und zarte, starke und liebende Sophia hat Hildegard im Blick, wenn sie schreibt:

> »Die Weisheit war es, die im Erkennen das Himmlische gekostet und in ihrem königlichen Walten den Umkreis des Himmels umschritt. Sie war es, die über die Erde wandelte, um den Dienst und den Aufbau der kreatürlichen Lebensbelange festzulegen ... Auch ist die Weisheit Gottes Auge, mit dem Er alles vorhersieht und alles durchschaut. Voller Liebe umarmt Er sie, die da vor Ihm steht als die geliebteste Freundin, die Er bei all Seinem Planen zu Rate gezogen hat« (MV 45).

Die Weisheit wird zwar als Gottes Geschöpf angesehen, aber sie steht am Anfang seiner Werke und ist so ausgezeichnet, dass sie die Liebe und Menschenfreundlichkeit Gottes erfahrbar machen kann. Auch Hildegard horcht auf die Stimme der himmlischen Sophia und hört ihre Kunde:

»Ich, die Weisheit, habe noch Folgendes zu sagen: Damals, da habe ich mich aufgemacht und habe meinen Mantel ausgeschüttet, um ihn mit tausenden und abertausenden von Tropfen köstlichen Taus zu durchtränken. Mit solchem Geschenk aber zielt Gott auf den Menschen, und Er rechnet mit ihm. So lasst uns also ein Gespräch miteinander führen ... Alles Gehorchen der Kreatur war nur ein Verlangen nach dem Kusse des Schöpfers: Und alle Welt empfing den Kuss ihres Schöpfers, da Gott ihr alles schenkte, was sie brauchte. Ich aber, ich vergleiche die große Liebe des Schöpfers zu Seinem Geschöpfe und der Geschöpfe zum Schöpfer mit jener Liebe und Treue, mit der Gott den Mann und das Weib zu einem Bunde zusammengab, auf dass sie schöpferisch fruchtbar würden« (MV 238).

Schon der Sprachton und die verwendeten Bilder lassen aufhorchen: Mit einer erstaunlichen Kühnheit wird hier vom Verhältnis Gottes zum Menschen und des Menschen zu Gott gesprochen. Es ist ein Liebesgespräch, das durch Umarmung und Kuss zu einer Vereinigung führt. In der Weisheit will Gott zu unserem Partner werden. Aber diese aufscheinende Frau Weisheit hat Selbstbewusstsein und schöpferische Kraft.

»Sie war vor dem Ursprung allen Anfangs und wird nach allem Ende in ihrer höchsten Kraft dastehen, da ihr nichts widerstehen kann. Niemand hat sie zu ihrer Hilfe gerufen, niemand braucht sie, da sie die Erste und Letzte war. Von niemandem erhielt sie Antwort, da sie, die Erste, die Ordnung aller Dinge ins Werk gesetzt hat. Aus ihrem eigenen Wesen und durch sich selbst bildete sie alles voll Liebe und Zartheit« (WM 265).

Die Gestalt der Weisheit wird von Hildegard als die große Schöpfungsidee verstanden, als der umfassende Plan des Weltverlaufs. Wer seinen Platz im Weltganzen sucht und sein Aufgabenfeld, der muss sich mit der Sophia einlassen, muss auf sie horchen und mit ihr vertraut werden, dann wird er zum wahren Leben erweckt und in den großen Dialog Gottes mit seiner Schöpfung einbezogen.

Juni

Der sechste Monat

»Der sechste Monat mit seiner Hitze ist recht trocken. Um des guten Gedeihens willen mildert er seine Natur mit jenem Lufthauch, der den Früchten die Reife bringt, doch gießt er auch bisweilen im Übermaß die Wasserfluten aus. Hiermit wird auf die Schultern des Menschen hingewiesen, die mit ihrer Wärme ebenfalls trocken sind, sich jeder Arbeit unterziehen, jegliches Werk durchführen und so den Körper im Ganzen erhalten« (WM 156).

Es mag verwundern, dass Hildegard dem Juni ausgerechnet die Schultern des Menschen zuordnet. Denkt sie dabei an die Last, die die Schultern zu tragen haben, und verbindet sie diese Belastung mit der ›Aufgabe‹ des Juni, dass er für das Heranreifen der Ernte verantwortlich ist? Aber ihre Betrachtungsweise stellt zwei körperliche Funktionen in eine Beziehung, die uns noch mehr verwundern mag: Die Schultern erinnern sie an das Hörvermögen des Ohres.

»Die Schultern, die alle Feuchtigkeit der Eingeweide und der anderen Organe des Menschen und damit den ganzen Organismus tragen, haben eine beachtenswerte Ähnlichkeit mit dem Hörvermögen, das der Anfang der Seele ist und durch welches alle Werke vollendet werden, wie auch alle Lasten von den Schultern getragen werden« (WM 157).

Ohne die Tragfähigkeit unserer Schultern könnten wir uns nicht frei bewegen, sie geben dem Körper Halt, den Armen Bewegungsfreiheit: Wir werden der Aktivität fähig. – Und dazu in Parallele sieht Hildegard die Anfangskraft des Hörens, die der Seele gleichsam zum volleren Leben verhilft.

»Das Hörvermögen ist gewissermaßen ein kleiner Flügel für das Verständnis der Worte, die er empfängt. Indem die Ohren den Klang einer jeden Erscheinung aufnehmen, kann jedes Ding der Natur, was und wo es auch sei, seinem Wesen nach erkannt werden. Aus diesem Grund strengt der Mensch, dieses Wesen zu entdecken, auch eher seinen Geist an. Das Seelenvermögen, das durch die Ohren so empfindet, wie wenn es durch das Hören weiter nichts leiste, wird dabei nicht überdrüssig und keineswegs gesättigt, hat vielmehr das Verlangen, vieles noch darüber hinaus zu erkennen und sich zu merken« (WM 156f.).

Der Juni ist noch kein Ernte-Monat, doch seine Wärme bereitet sie intensiv vor. Aber es können auch Regenfluten herabrauschen. Das Wachstum lässt sich Tag für Tag beobachten, wenn nicht gerade ein Kälteeinbruch den Reifungsprozess verzögert. So kann auch der seelische Reifungsvorgang des Menschen aufgehalten und gestört werden, wenn er sich gegen die nötigen inneren Wachstumsschritte versperrt. Vor allem muss er immer um die discretio, das rechte Maß, besorgt sein.

»Das Ebenmaß zwischen Ohr und Ohr, von den Ohren zur Schulter und von der Schulter bis zum Schlundende bedeutet, dass der Mensch die Gebote Gottes mit den Ohren aufnimmt, dass er sie mit seinen Schultern getreulich trägt und sie mit dem Schlund gleichsam in sich zieht und dass er bei all diesem das gleiche und diskrete Maß halten soll, auf dass er zu jener Ausgeglichenheit gelange, wo keine Beunruhigung mehr ist« (WM 89).

Jetzt wird der Zusammenhang erkennbar: Die Schultern haben zu tragen; doch auch der ganze leib-seelische Mensch hat etwas zu tragen: das göttliche Wort, sein Gebot und seine Weisung. Und diese Botschaft soll nicht nur mit den Ohren aufgenommen werden, sie soll ins Innere gelangen, gleichsam verschluckt und einverleibt werden. Den Schultergürtel mit seinen Trag- und Bewegungsfunktionen vergleicht Hildegard sogar mit den vier »Hauptwinden«, die sie als Motoren des Weltgeschehens ansieht (WM 114f.). In den verschiedenen Gelenken sieht sie Entsprechungen zu den zwölf Windkräften, weil es die Gelenke sind, die uns zum lebendigen Wirken befähigen (WM 148).

»Gott hat die Gestalt des Menschen nach dem Bauwerk des Weltgefüges, nach dem ganzen Kosmos gebildet, so wie ein Künstler seine Formen hat, nach denen er seine Gefäße macht. Und wie Gott das riesige Instrument des Weltalls nach ausgewogenen Maßen abgemessen hat, so hat er dementsprechend den Menschen in seiner kleinen, kurzen Gestalt abgemessen ... Gott schuf ihn so, dass Glied an Glied gefügt, keins das rechte Maß, das richtige Gewicht überschreite, außer nach Gottes Bestimmung. Auch sollte jedes in der Vielfalt der Gliederung sich in den Gelenken beugen können, am Hals, an den Schultern, an den Ellenbogen, den Händen, an den Schenkeln und Knien und Füßen sowie der gesamten übrigen Organisation. Und wie Gott die Natur im Menschen geordnet hat, so auch die Zeiten des Jahres.« (WM 152)

Trocken und heiß kann der Juni sein, aber auch regnerisch und kühl. So schwanken auch wir Menschen zwischen den extremen Gefühlslagen und hoffen, zu einer Ausgeglichenheit und Ruhe zu kommen.

»Zuweilen sehnen sich die Schultern ob aller Arbeit nach Ruhe, wie wenn ein Vogel vor Ermüdung seine Flügel lockert, und wie die Wurzel ihre Zweige hält ... Mitten aus seiner vollen Freude heraus kann der Mensch leicht wieder in Traurigkeit gestürzt werden. Und so sucht er die Ruhe, wie ja der Mensch oft ein Verlangen nach Stille in sich trägt, die er doch nicht erlangen kann« (WM 156f.).

Der Mensch – das dynamische Wesen

»Gott sagt: Ich sprach Mein kleines Werk, das der Mensch ist, in mich hinein. Dieses formte Ich nach Meinem Bilde und zu Meiner Ähnlichkeit, damit es sich darin auf Mich zu verwirkliche ... Jenes Werk habe Ich aus Meiner Vernunft geistig ausgestattet und in ihm Meine Möglichkeit ausgezeichnet, ähnlich wie der Geist des Menschen in seiner künstlerischen Fähigkeit durch Namen und Zahlen alles begreift« (WM 169).

Auf eine evolutive Entfaltung hin ist der Mensch geschaffen, so sagt es unser Text. Gott hat ihn gewollt, hat ihm die Anfangskraft gegeben, einen Initialschub, der ihn in Bewegung versetzt hat. Aber nun kommt es darauf an, dass diese Bewegung weitergeht, dass dieses Potential sich entfaltet und sich seinem Ziel nähert: Gott selbst ist der Ausgangspunkt dieser Bewegung und auch die Zielrichtung. Und was für den Menschen gilt, das hat für die ganze Schöpfung Bedeutung: Auch sie ist in den großen Veränderungs- und Wandlungsprozess einbezogen.

»Diese Schöpfungsordnung ließ Gott nach Seiner Vorherbestimmung sich im Werden entfalten, aus dem dann alles andere Gezeugte hervorgehen sollte« (WM 241).

Was sind da im Anschluss an Darwins Evolutionstheorien für unfruchtbare Diskussionen geführt worden, welche Angst hatten die Christen, als sie hörten, dass alles Leben sich aus den Uranfängen entwickelt habe. Hildegard hatte keine Ängste, für sie war es nicht anstößig sich vorzustellen, der ganze »Baum des Lebens« mit seinen Verästelungen habe sich kontinuierlich entwickelt. In der Welt des Lebendigen ist immer Wandlung und Veränderung zu beobachten. Was keimhaft vorhanden ist, muss seine Möglichkeiten entfalten und im konkreten Vollzug vervollkommnen. Diese Seele versteht Hildegard als gestaltende und vorwärtstreibende Kraft.

»Der Schöpfer des Alls, der die Erde zu einer Werkstatt gemacht hat, hat die Seele auf sich zu geschaffen, jene Seele, durch die der Mensch all seine Werke wirkt und die mit dem Menschen, der desselbigen Gottes Werk ist, auch bis zum Jüngsten Tag wirken wird« (WM 131f.).

Es ist allerdings im Menschen eine geheimnisvolle Grundkraft, die ihn von den anderen Kreaturen unterscheidet und die ihn zu seinem Werk anleitet. Erst durch diese göttliche Gabe kann er zu dem werden, der er sein soll.

»Mit seinem Lebenshauch durchströmt dieses (göttliche) Licht jeden Menschen, der Bein und Fleisch hat, der in die gegenwärtige Welt mit ihrer Veränderlichkeit durch Wachsen und Schwinden eintritt, sobald er seinen Ursprung genommen hat. Und wie die Sonne mit ihren Lichtern ihn aufgenommen hat, so soll der Mensch alle

Kreaturen anschauen und sie erkennen. Gott hat nämlich durch den lebendigen Funken der Seele den ersten Menschen erweckt; aus dem Lehm hat Er ihn so gestaltet, dass der Mensch durch dieses Seelenfünklein aus Lehm zu Fleisch und Blut geworden ist ... Würde der Mensch nicht auf diese Weise durch die Glut der Seele aufgeweckt, so könnten Fleisch und Blut nicht vollkommen entstehen; auch wäre die Materie des ersten Menschen Lehm geblieben, wenn sie nicht durch die Seele verwandelt worden wäre. Wie durch Wasser und Feuer Brot im Ofen wird, so wird auch durch das Feuer der Seele Fleisch und Blut« (WM 177).

So sehr Hildegard die Seele mit ihren formenden Kräften herausstellt und ihre Dynamik betont, so darf doch nicht übersehen werden, dass die Leiblichkeit des Menschen nie vernachlässigt wird. Wirksam werden kann der Mensch gerade durch seinen Leib; auch die Seele ist auf die körperliche Sichtbarwerdung angewiesen.

»Der Geisthauch, im Menschen Seele genannt, durchdringt das Fleisch voll und ganz und hält es für ein erfreuliches Gewand und für eine schöne Zier« (WM 184). »So ist ja auch der Leib das hüllende Gewand der Seele, und die Seele leistet mit dem Fleische Dienst beim Handeln. Der Körper wär nichts ohne die Seele, die Seele würde nichts ohne den Körper verwirklichen. So sind sie nun im Menschen eins, und der Mensch stimmt dem zu« (WM 183).

Es sind oft wunderbare Bilder, mittels derer Hildegard die Leib-Seele-Einheit veranschaulicht und ihre Wirksamkeit in der Welt und an der Schöpfung darlegt. »Die Seele existiert mit dem Leibe wie die Luft mit der Erde und wie die Wabe inmitten des Honigs« (WM 138). Die Seele

»gleicht der Luft, die zwischen Himmel und Erde vermittelt, weil der Mensch durch sie im Höheren das Gute, im Niederen das Böse wirkt« (WM 120). Es wird aber auch eine »soziale Verantwortung« geweckt, die Welt soll so verwandelt werden, dass sie ein wohnlicher Bereich für die Lebewesen werden kann.

»Durch Gottes Güte, durch die sie göttlich ist, vertraut die Seele darauf, dass sie übe die heiligen Werke, die sie mit dem Menschen wirkt, eine Wohnstätte für alle auf Erden schaffe« (WM 131).

Es ist ein rechtes Bekenntnis zum Leib und zur Verleiblichung, das Hildegard ablegt. Gerade in diesem Punkt unterscheidet sie sich auffällig von den meisten ihrer schreibenden Zeitgenossen. Der Mensch ist zur Leiblichkeit berufen und er darf darauf stolz sein.

»Und so ist der Mensch von der ersten Bestimmung an zusammengesetzt; oben wie unten, außen wie innen, allüberall existiert er als Leiblichkeit. Und das ist das Wesen des Menschen« (WM 167).

Der dynamische Charakter des Menschen kommt noch an einer anderen Stelle zum Vorschein: Er existiert nicht als Einzelner, sondern ist auf Mitmenschen angewiesen, er hat eine dialogische Veranlagung. Erst wenn wir angerufen werden, erfahren wir, wer wir sind, erst wenn wir für andere Menschen wichtig werden, entdecken wir unsere besonderen Begabungen. Kein Mensch lebt ja nur um seiner selbst, wir sind in ein großes Miteinander und Füreinander einbezogen.

»Die volle Freude darüber, dass er zu etwas nütze sei, kann ja der Mensch nicht aus sich selber haben; sie muss ihm vielmehr von einem anderen geschenkt werden. Erkennt der Mensch aber die Freude, die ihm vom andern entgegenkommt, so empfindet er in seinem Herzen ein großes Entzücken« (WM 248).

Selbst die Vollendungsgestalt, die der Mensch ersehnt, wird noch ein Ergebnis seiner dynamischen Entwicklung sein. Hildegard hat durchaus die Vorstellung einer sehr individuellen Verwirklichung des Menschen im Reich Gottes.

»Wie der Mensch sich mittels Feuer und Luft wie auch durch Wasser und Erde seine Ausrüstung schmiedet, und wie er sich sein Gewand nach seinem Gefallen auf den Leib zuschneidet, so bereitet auch Gott den Heiligen ihre Ausrüstung ganz nach ihren Werken vor, die Er jedoch aus keinem anderen Stoff nimmt, als den Er aus sich selber schöpft, wie Er auch die ganze Welt rein aus sich selbst geschaffen hat. Und so sollte auch der Mensch sein Werk durch kein fremdes Geschöpf auf der Welt, sondern aus seiner eigenen Natur heraus bestimmen und zur Durchführung bringen« (MV 289).

Das Herz

»Das Herz ist Leben und Gefüge des ganzen Organismus. Es hält den ganzen Körper. Im Herzen wird das Denken des Menschen geordnet und der Wille großgezogen« (WM 174).

So wichtig das Herz als der »Motor« des vegetativen Lebens auch ist, für Hildegard steht das Herz auch als das große Bindeglied zwischen den Seelenkräften und der körperlichen Wirklichkeit. Wenn Romano Guardini das Herz als ›Geist in Blutnähe‹ versteht, und wenn im Herzbereich – umgekehrt gesehen – das Organische in Geistnähe kommt, dann entspricht das ziemlich genau den Vorstellungen Hildegards. Sie sieht aber das Herz auch in einer innigen Verbindung zum Willen, zur Verwirklichungskraft des Menschen.

»Der Mensch sollte alle seine Werke zunächst einmal in seinem Herzen erwägen, bevor er sie ausführte« (279).

»Wenn der Geistwind des Erkennens im Gehirn in Bewegung gesetzt wird, steigt er vom Gehirn in die Gedanken des Herzens nieder; und so wird das Werk, das gewollt, vollendet. In ihrer Erkenntniskraft ist die Seele nämlich wie ein Säer; sie sät, was als Werk der Gedanken ausgeführt wird; sie kocht es durch mit ihrer Feuersglut; sie macht es schmackhaft für den, der es wissend erprobt« (WM 167).

Das Herz als die wahre Mitte des Menschen macht aus ihm das wahrnehmungs- und entscheidungsfähige Wesen, das seine Berufung vernimmt und seinen Reifungsweg vorantreibt.

»Das Herz mit seiner Einsicht wärmt und stärkt samt all seinen lebendigen Teilen den Menschen, vollendet auch die Seele mit all ihren von Gott verliehenen Kräften das Tun des Menschen, indem ihm die heilige Sehnsucht geschenkt wird« (WM 124).

Das Denken Hildegards ist konsequent psychosomatisch orientiert: Das Geistig-Seelische ist immer auf das Körperlich-Leibhafte bezogen. Wenn man die seelische Verfasstheit eines Menschen erkennen will, muss man seine körperliche Verfassung beobachten und umgekehrt. Im Grunde ist das Herz das leibliche Organ des Gewissens und der discretio.

»Das Herz ist das Fundament des Lebens und die Wohnstube des Wissens von Gut und Böse« (H 91).

»Das Herz des Menschen schließt die Vernunft in sich ein, es ordnet alle erklingenden Worte in sich, ehe es sie dann herauslässt« (H 111).

Wer den hohen Stellenwert des Herzens im »Haushalt« der psychophysischen Gesamtheit bedenkt, der kann auch erahnen, was sich ereignet, wenn sich das menschliche Herz verhärtet, abkapselt und seine Fühlfähigkeit einbüßt.

»Die Herzenshärte ist wie ein dichter Rauch, der zu einer menschlichen Gestalt zusammengeballt ist. Denn sie kennt keinerlei Zartheit, sondern nur eine gewisse Verdichtung hinterlistiger Bosheit ... Dass diese Erscheinung aber keinerlei menschliche Gestalt hat, mit Ausnahme der großen und feurigen Augen, das bedeutet, dass dieses Laster die Menschen so verhärtet, dass sie das Ebenbild Gottes in anderen Menschen weder kennen noch erkennen wollen. Da auch nicht eine Spur von Güte in ihnen lebt, sind sie ohne jedes Erbarmen und ohne alles Wohlwollen ... Die Gestalt bewegt sich weder nach vorwärts noch nach rückwärts, noch nach irgendeiner anderen Richtung, weil die Herzenshärte nicht nach Höherem strebt, auf dass um Gottes Willen ihre Bosheit zerschmelze« (MV 60f.).

Wenn das Herz den Menschen zum Menschen macht, wenn seine Liebesfähigkeit ihn erst wesentlich in den Grundkräften zur Entfaltung bringt, dann bedeutet die Verhärtung und Versteinerung des Herzens auch die Entmenschlichung und Verkümmerung.

»Denn Gott hat den Menschen wie einen überaus schönen Edelstein auf die Erde gesetzt, in dessen Glanz die gesamte Schöpfung sich betrachtet. Steht doch der Mensch über aller Kreatur. Daher ist es nicht erlaubt, dass die Herzenshärte ihn für nichts erachte und dass sie sich gegen ihn verhärte. Sie ist unter allen Übeln das schlimmste, da sie auf niemanden Rücksicht nimmt und keinem Barmherzigkeit erweist. Sie macht das Menschliche als solches verächtlich und verzichtet darauf, jemandem noch ein Interesse entgegen zu bringen. Sie freut sich nicht mehr mit einem anderen, noch gibt sie ihm einen guten Rat; in allen Dingen bleibt sie einfach hart und verachtet alles« (H 61).

Mit zunehmender Egozentrik in unserer Gegenwart, der ichbetonten Durchsetzung des eigenen Willens und der privaten Machtansprüche vollzieht sich Ent-mensch-lichung. Mitleid und einfühlendes Denken werden nur noch belächelt, das rücksichtslose Durchsetzungsvermögen wird als selbstverständlich angesehen. Das Zusammenleben der Menschen bekommt eine Eiseskälte, die lauernde Kampfstellung gegen jeden anderen Menschen vergiftet die Atmosphäre. Gegen diese Einstellung lässt Hildegard die misericordia, die Barmherzigkeit, ihre Lebensauffassung aussprechen:

»Die Kräuter bieten einander den Duft ihrer Blüten; ein Stein strahlt seinen Glanz auf die andern, und jedwede Kreatur hat einen Urtrieb nach liebender Umarmung. Auch steht die ganze Natur dem Menschen zu Diensten, und in diesem Liebesdienst legt sie ihm freudig ihre Güter ans Herz ... Ich bin in Luft und Tau und in aller grünenden Frische ein überaus liebliches Heilkraut. Übervoll ist mein Herz, jedwedem Hilfe zu schenken ... Mit liebendem Auge berücksichtige ich alle Lebensnöte und fühle mich allem verbunden. Den Gebrochenen helfe ich auf und führe sie zur Gesundung. Eine Salbe bin ich für jeden Schmerz, und meine Rede ist rechtens« (MV 34).

Skeptiker mögen sagen, dass wir es hier mit einer konkreten Utopie zu tun haben, das Gesellschaftsideal einer vom Herzen her gebauten menschlichen Gemeinschaft. Kommen wir aber ohne ein solches Zielbild aus, wenn wir nicht bei einer Bürgerkriegsgesellschaft stehen bleiben wollen?

Die Liebe

Die Liebe spricht: »Ich bin jener Lufthauch, der alles Grüne nährt und die Blüten sprießen lässt mit ihren reifenden Früchten. Mit jedem Hauch des Heiligen Geistes werde ich belehrt, so dass ich die lautersten Bäche ergießen kann. Mit dem Seufzen zum Guten rufe ich Tränen hervor und aus den Zähren den Wohlgeruch heiliger Werke. Auch bin ich jener Regen, der aus dem Tau herweht, durch den alle Kräuter mich anlachen zu fröhlichem Leben« (MV 136).

Wenn Hildegard gefragt worden wäre, was denn die stärkste Gotteskraft in der Schöpfung wäre, ich bin sicher, sie hätte geantwortet: Das ist die

Liebe, denn sie hat die ganze Welt heraufgeführt, lässt sie weiterwachsen und gedeihen, umfasst sie mit ihren Armen und lässt sie nicht zugrunde gehen. In ihren Visionen ist die personhaft geschaute Liebe eine mächtige Gestalt, die eine unbeschreibliche Schönheit und Hoheit ausstrahlt.

»Denn was du im Geheimnisse Gottes inmitten der südlichen Lüfte als wunderschöne Gestalt erblickst, gleich wie ein Mensch gebildet, sinnbildet die Liebe des himmlischen Vaters. Die Liebe ist es: in der Kraft der unvergänglichen Gottheit, von auserlesener Schönheit, wunderbar in ihren geheimnisvollen Gaben! Sie erscheint in Gestalt eines Menschen, weil der Sohn Gottes, als Er sich mit dem Fleische bekleidete, den verlorenen Menschen im Dienst der Liebe erlöste. Daher ist das Angesicht von solcher Schönheit und Klarheit, dass du leichter in die Sonne als in dieses Antlitz schauen könntest. Denn der Liebe Übermaß strahlt und funkelt in solch erhabenem Blitzesglanz ihrer Gaben, dass es jegliche Einsicht menschlichen Verstehens, mit dem man doch sonst in der Seele die verschiedensten Dinge erkennen kann, so weit übertrifft, dass niemand es in seinem Sinnesvermögen zu fassen vermag« (WM 27).

Die Liebe bringt uns das göttliche Geheimnisse nahe, Gott bekommt gleichsam ein Gesicht, er wird erfahrbar, kann mit allen Sinnen wahrgenommen werden, wenn wir sensibel werden für seine Kundgaben. Und weil die Liebe keine statische Wirklichkeit ist, sondern ihre eigene Dynamik hat, deshalb muss man immer wieder neu ihre Erscheinungsweise beobachten.

»Aus dem Urgrund der wahren Liebe, in deren Wissen der Weltenlauf ruht, leuchtet ihre überaus feine Ordnung über alle Dinge hervor und kommt, alles haltend und alles hegend, immer neu ans Licht ... Die Liebe ist es, die die Kräfte der Elemente und des übrigen höheren Schmuckes, der zur Festigung und Schönheit der Welt Bezug hat sowie alle Gliederung des Menschen, des Herrn über diese Welt, angemessen unterscheidet und maßvoll anpasst ... Die Liebe zieht alle an sich, die Gutes wollen, und kommt mit diesem Zug entgegen« (WM 59).

Es ist auffällig, dass Hildegard die personhaft geschaute Liebe häufig mit zwei anderen Gestalten auftreten lässt: mit der Weisheit und der Demut. Die Liebe verbindet sich mit der vorausschauenden und wissenden Sapientia und mit der sich niederbeugenden Humilitas. Sie will nicht andere übermächtigen und gewalttätig werden, sondern durch ihre Milde und Güte wirksam werden.

»Ich, die Liebe, bin die Herrlichkeit des lebendigen Gottes. Die Weisheit hat mit mir ihr Werk gewirkt, und die Demut, die im lebendigen Quell verwurzelt ist, ist meine Gehilfin; ihr ist der Frieden verbunden. Durch die Herrlichkeit, die mein Wesen ist, leuchtet das lebendige Licht der seligen Engel« (WM 364).

Weil Gott seinem ganzen Wesen nach Liebe ist, deshalb hat auch seine Schöpfung einen von der Liebe geprägten Grundcharakter. Geht man dem Sein nach, in welcher Form auch immer, dann stößt man auf diese elementare Seinsschicht.

»In mir, der Liebe, spiegelt sich alles Sein. Mein Glanz offenbart die Gestalt der Dinge, so wie ein Schatten die Figur anzeigt. Aus der Demut, die meine Gehilfin ist, ging auf Gottes Geheiß die

Schöpfung hervor. In der gleichen Demut hat Gott sich zu mir herniedergebeugt, um die dürren Blätter, die abgefallen waren, wieder zu jener Seligkeit emporzuheben, durch die Er alles, was Er will, zu tun vermag« (WM 266).

Hildegard ist überzeugt, dass die wahre Zielgestalt der Schöpfung die Liebe ist, und der Mensch kommt nur zu seiner wahren Wahrheit, wenn er den Liebeskern, den er in sich trägt, zur Entfaltung bringt. Aber weil die göttliche Liebe die ganze Welt in ihren Armen trägt und mit ihrem Atem den ganzen Körper erfüllt, ist sie zuversichtlich, dass auch die Erfüllung aller Liebenssehnsüchte in Erfüllung gehen werden.

»Von der Tiefe bis hoch zu den Sternen
überflutet die Liebe das All,
sie ist liebend zugetan allem,
da dem König, dem höchsten,
sie den Friedenskuss gab« (L 229).

Juli

Der siebente Monat

»Der siebente Monat brennt in voller Sonnenglut und hat gewaltige Kräfte in sich. Er macht die Früchte reif und trocknet sie aus. Mit seinem zwischen Dürre und Regenfluten schwankenden Wetter ist er voll Leidenschaft. Auf eine ähnliche Weise sind die Gelenkverbindungen der Arme stark, und zwar durch die Schultern und Hände, mit denen der Mensch alle notwendigen Verrichtungen fasst und verbindlich festhält. Dabei vermag er es, die Natur eines jeden Dinges durch sein Geruchsvermögen herauszuschmecken, indem er unterscheiden und erkennen lernt, was brauchbar und was wertlos ist. So wählt der Mensch alles Notwendige für die Erhaltung seiner Natur aus« (WM 157).

Im Juli hat das Jahr seine volle Kraftentfaltung erreicht: Die Sonne kann das Land ausdörren, bringt aber auch das Getreide zur Reife. Und der herangewachsene Mensch kommt irgendwann auch zu seinem Zenit. Die Wachstums- und Reifungsphasen sind abgeschlossen, die Arme können jetzt zupacken und ein Werk schaffen. Freilich wird ihm das nur gelingen, wenn er zu unterscheiden gelernt hat: Was ist wichtig, was nicht, wo setze ich die Prioritäten, wofür lohnt es sich wirklich, sich mit aller Intensität einzusetzen? Jetzt gilt es, die Verantwortung für sein Tun zu übernehmen, für die Auswirkungen seines Handelns, auch für seine Gesundheit hat er eine Verantwortung, weil sich falsche Einstellungen und ethische Irrwege auf seinen körperlich-seelischen Haushalt auswirken.

»Durch sein Wissen vermag der Mensch alles an sich zu binden und so unter seine Herrschaft zu bringen, dass das Schlechte in den Säften herausgefiltert wird und diese ihm mit ihrer gesundheitsfördernden Kraft zugute kommen. Mit feinfühliger Fürsorglichkeit kann er dies einrichten, und zwar so kraftvoll, wie die Gelenke der Arme durch die Schulterblätter und die Hände sind. In seinem Innern konzentriert er sich auf alles, was ihn gesund machen kann, und er bedenkt alle Lebensbelange so vorsorglich, wie sich auch die Früchte in diesem Monat auf ihren Kern zusammenziehen« (WM 158).

Der Blick Hildegards geht immer auch auf das Bild des Menschen, wie Gott ihn gewollt hat und wie er einmal als Vollgestalt existieren soll. Er steht in der Mitte der Schöpfung und soll deshalb auch eine herrscherliche und verantwortliche Position haben. In der großen Vision vom kosmischen Menschen, der inmitten eines Riesenrades (des Universums) aufscheint, wird dieser Mensch so beschrieben:

»Sein Scheitel ragte nach oben, die Fußsohlen reichten nach unten bis zur Sphäre der starken weißen und leuchtenden Luft. Rechts waren die Fingerspitzen der rechten Hand, links die der linken Hand nach beiden Seiten in Kreuzform zu der Kreisrundung hin ausgestreckt. Genauso hielt die Gestalt die Arme ausgebreitet« (WM 35).

Gerade in seiner Gebrochenheit und seiner unzureichenden Verwirklichungsgestalt muss der Mensch an seine Würde und seine Berufung erinnert werden. Seine Arme und seine Hand stehen dabei für die Kräfte des Guten (»das Gute, was durch die Hand versinnbildet wird«, WM 119), und für die Gestaltungsmöglichkeiten, die dem Menschen mitgegeben wurden. In ihnen will Gott wirksam werden.

»In den ›Armen‹ des Menschen mit den angrenzenden Gliedmaßen weist Es (das göttliche *Wort*) hin auf die Kraft des Weltgefüges und sein Himmelszeichen, die wiederum dieses Firmament stützen und tragen, so wie die Arme und Gelenkverbindungen die Herrschaft und Wirkkraft des ganzen Leibes bezeugen« (WM 172).

So weist also der Monat Juli auf den langen menschlichen Weg zu seiner wahren Gestalt hin, wo er gewissermaßen die Früchte seiner Arbeit genießen kann. Aber das Zielbild soll nicht dazu dienen anzunehmen, man sei schon dort angekommen, vielmehr soll es den Mut wecken und die Tapferkeit anspornen, um nicht müde zu werden.

»Des Menschen Seele, dieser Geisthauch aus Gott, hat einen leidenschaftlichen Weg vor sich. Auf ähnlich kraftvoller Bahn durchläuft auch die Weisheit den ganzen Umkreis des Himmels. Kraft der sieben Gaben des Heiligen Geistes und mit Hilfe seiner fünf Sinne beginnt daher der Mensch seinen Weg und vollendet mit ihnen sein Werk, wie auch der siebente Monat alle Früchte der Erde vollkommen macht ... Darin besteht die einzige Freude der Seele, immer und immer zu überlegen, wie der Mensch in seine ewige Heimat gelangt, um ohne Ende darin zu weilen« (WM 158).

Die sommerliche Hitze, die dazu beiträgt, den Früchten die nötige Kraft oder Süße zu verleihen, erinnert aber auch an das Feuer, das der Mensch nötig hat, damit er der werden kann, der er werden soll. Ohne das Feuer der inneren Überzeugung und der tapferen Verfolgung seiner Pläne kommt sein wahres Antlitz nicht zum Vorschein. Diese ›kochende Sonne‹ darf der Mensch nicht scheuen auf seinem Wege.

»Denn die Seele ist feuriger Natur. Daher erwärmt sie alle Lebensvorgänge, die sie dem Herzen zuleitet und kocht sie zur

Einheit. Zugleich hält sie sie im Zaume, damit nicht die eine Funktion von der anderen getrennt werde, füllt sie auf, damit keiner was fehle, und auf diese Weise ordnet sie mit der Weisheit in allem Denken klug die gesamten Verrichtungen des Organismus« (WM 96f.).

Besinne dich auf dich selbst

»Erforscht beim Durchsuchen eure eigene Einsicht ... und erwählt euch eine Wohnstätte, wie sie euren Bedürfnissen entspricht« (B 189).

Wie oft wurde Hildegard um Rat gefragt, von Klerikern und Laien, von Bischöfen und Ordensfrauen! Geduldig stellte sie sich auf die Probleme und konkreten Fragestellungen ein, um Wege zu weisen und Hilfestellung zu leisten. Aber manchmal merkte sie wohl auch, dass es Bequemlichkeit der Anfragenden war, eine notwendige Entscheidung nicht selbst zu treffen, sondern sie einer angesehenen Persönlichkeit zu überlassen. Dann war es wichtig, die Betreffenden auf ihre eigene Kompetenz hinzuweisen und sie zu ermutigen, die Dinge selbst anzupacken und die Verantwortung auch selbst zu übernehmen. – Als die Äbtissin Hazzecha des Klosters Krauftal bei Zabern sich brieflich an Hildegard wandte mit der Bitte: »Zögert nicht, mir zu schreiben, was das Lebendige Licht Euch durch Seinen Geist an mir tadelswert oder besserungsbedürftig kundtut«, da antwortet sie ihr:

»Der alles sieht, spricht: Du hast Augen, damit du sehen und ringsum alles überschauen kannst. Wo du Schmutz siehst, wasche ihn ab, was dürr ist, lass grün werden, und sorge, dass deine Gewürze schmackhaft sind. Wenn du keine Augen hättest, könntest du dich entschuldigen. Nun aber hast du Augen. Warum schaust du nicht um dich, sondern hältst lange Reden in deinem Denken? Häufig urteilst du über andere in Dingen, in denen du selbst nicht beurteilt werden möchtest. Zuweilen allerdings sagst du das, was du vorbringst, mit Weisheit« (B 207).

Wohl ist es wichtig, dass andere uns kritisch beistehen und uns helfen, die rechten Entschlüsse zu fassen. Aber genauso wichtig ist es, selbst Maßstäbe zu finden, die uns zum sachgemäßen Handeln befähigen. Da muss auch die Urteilsfähigkeit gestärkt und das Selbstbewusstsein und das Vertrauen in die eigene Unterscheidungskraft unterstützt werden. – Als die Äbtissin Sophia von Altwick bei Utrecht das Leitungsamt des Klosters aufzugeben beabsichtigt, schreibt sie an Hildegard: »Unser Herr ... hat, wie ich glaube, meinem Herzen eingegeben, ich solle die Last der Regierung, an der ich schwer trage, aufgeben und mich in die Einsamkeit einer kleinen Zelle einschließen.« Hildegard antwortet ihr:

»O Tochter, vor Gott hat es keinen Wert, dass du deine Bürde abwirfst und die Herde Gottes im Stich lässest, da du doch das Licht hast, um ihr zu leuchten und sie hinauszuführen auf die Weide. Nimm dich jetzt zusammen, damit dein Herz nicht lodere in jener Weichlichkeit, die durch die Unbeständigkeit weltlichen Lebens dir sehr schadet. Du aber sollst leben, weil die Gnade Gottes dich will ... Gott helfe dir, dass du wach seiest in reiner Erkenntnis!« (B 211)

Ein anderes Beispiel für Hildegards kluge Weitsicht: Im Hochmittelalter wurden bekanntlich häufig schon Kinder in klösterliche Obhut gegeben, was ganz sicher dazu führte, dass die Betreffenden später in furchtbare Krisen gerieten, weil sie die übernommenen Pflichten nicht tragen, den Gelübden nicht treu bleiben konnten. Hildegard schätzte die Jungfräulichkeit sehr hoch, aber sie sah die Probleme ihrer Frauen und war sicher, dass man die Ehelosigkeit nicht als Gesetz verordnen könne.

»Kein Mensch darf die Jungfräulichkeit als Gebot aufstellen, weil Gott selbst sie in sich selber zur Vollkommenheit führt. Daher hat die Keuschheit auch keine Gesetzesvorschrift des Dienstes oder der Furcht. Allein und frei steht sie in Gott ohne jedwede Furcht« (WM 291).

Diese nüchterne und sachliche Einschätzung führte Hildegard dazu, mit Verständnis auf die entstehenden Probleme zu reagieren. Sie wusste: »Es ist sehr hart und bitter, wegen der alten Schlange, dass die Triebkraft des Fleisches immer verdorrt bleibt« (B 212). Den Nonnen von Zwiefalten rät sie deshalb, sich zu fragen, ob sie wirklich die Berufung zu einem jungfräulichen Leben in sich spüren oder ob nicht ein anderer Weg für sie der richtige wäre.

»Ein Weib, das derart brennt, dass sie die Welt nicht verlassen kann, soll sich nicht in Gefahr begeben und einen hohen Berg ersteigen, damit sie später nicht in die Tiefe versinkt« (B 213).

Nicht nur dem verwehenden Augenblick leben

Es ist sinnvoll, den aktuellen Gegenwartsmoment, der uns gerade geschenkt wird, dankbar anzunehmen und mit allen Sinnen zu durchleben. Aber wir leben nun einmal in größeren Zeitspannen und sollten nicht vergessen, dass wir keine Zeit festhalten und in die Dauer übertragen können. Über dem Augenblick sollen wir also nicht den größeren Zusammenhang des ganzen Leben vergessen.
In ihrem Buch *Der Mensch in der Verantwortung* stellt uns Hildegard einen Menschen vor, der vor grünender Lebenskraft nur so strotzt, aber nicht daran denkt, dass auch einmal andere Zeiten kommen können. Er argumentiert so:

»Sollte ich mich hinschleppen wie ein Greis, da ich doch in der Jugendfrische blühe? Soll ich das schöne Licht der Augen in Blindheit halten? Schamrot müsste ich werden, wenn ich mich so verhalten würde! Solange ich noch dieser Welt Schönheit genießen kann, will ich sie mit Wonne umfangen. Ein anderes Leben kenne ich nicht, und nichts besagen mir die Fabeleien, die ich davon höre« (MV 30f.).

Wie soll man einem solchen Menschen antworten? Er hat ja in gewisser Weise Recht, wenn er sein Leben genießt und wenn er sich an der Schönheit der Welt erfreut. Es käme darauf an, ihm das Leben nicht schlecht zu machen, aber ihm einen weiten Horizont aufzuweisen, damit er es nicht nur punktuell wahrnimmt. Hildegard lässt eine Gegenfigur auftreten, die auf vorsichtige Weise die Einseitigkeit der Betrachtungsweise korrigiert:

»Du suchst nicht das wahre Leben, das in seiner Jugendschöne nimmermehr welkt und das sich selbst in der Reife des Alters nicht erschöpft. Dir fehlt aber auch jedes Licht! In die finstere Nacht stolperst du, und in das Verlangen des Menschen wühlst du dich wie ein Wurm. Von Augenblick zu Augenblick lebst du dahin, um dann wie Heu zu verdorrren. Und so stürzest du in den See des Verderbens. Dort wirst du enden mit alledem, was du ins Herz schließen möchtest und was du Blüten nennst, da du noch aufrecht stehst« (MV 31).

Und dann betont sie, dass die Freude am Leben uns wirklich im Sinn liegen darf und dass wir das wahre Leben keineswegs verschmähen sollen. Es gilt aber, sich sorgsam und ehrlich im Spiegel zu betrachten, um den rechten Blick zu bekommen und nicht in der Nacht zu enden. Vor allem in ihren Briefen versucht Hildegard, ihren Adressaten einen geweiteten Horizont zu vermitteln. Als König Konrad, deprimiert vom Fehlschlag des zweiten Kreuzzugs und vom plötzlichen Tod seines Sohnes, sich Hilfe suchend an Hildegard wandte und bei ihr seine Zuflucht suchte, antwortete sie mit einer erstaunlich direkten Mahnung.

»In gewisser Weise wendest du dich ab von Gott. Die Zeiten, in denen du lebst, sind leichtfertig wie ein Weib ... Nach diesen werden noch schlimmere Zeiten kommen ... Und wiederum spricht Er, der alles weiß, zu Dir, o König: Wenn du hörst, o Mensch, reiß dich zusammen gegen deinen Eigenwillen und bessere dich, damit du geläutert in die Zeiten gelangst, in denen du über deine Tage nicht mehr zu erröten brauchst« (B 80f.).

Das ist kein unverbindlicher Kurialstil, hier bekommt einer einen deutlichen Rempler; offensichtlich hat Hildegard bemerkt, dass pure Freundlichkeit und Entgegenkommen nicht viel weiterhelfen. Und es spielt bei ihr keine Rolle, dass es sich um einen König handelt. In einer ähnlich direkten Weise schrieb sie dann auch später Konrads Sohn, dem Kaiser Friedrich Barbarossa:

»O König, es ist dringend notwendig, dass du in deinen Handlungen vorsichtig bist. Ich sehe dich nämlich in der geheimnisvollen Schau wie ein Kind, einen unsinnig Lebenden vor den lebendigen Augen. Noch hast du Zeit, über irdische Dinge zu herrschen. Gib Acht, dass der höchste König dich nicht zu Boden streckt wegen der Blindheit deiner Augen, die nicht richtig sehen, wie du das Zepter zum rechten Regieren in deiner Hand halten musst. Darauf hab Acht: Sei so, dass die Gnade Gottes nicht in dir erlischt!« (B 86)

Von der Gabe der Unterscheidung

»Gott hat alle Kreaturen im Menschen zusammengefasst. Der Vernunft gab Er zwei Flügel. Der rechte bedeutet die Erkenntnis des Guten, der linke die Erkenntnis des Bösen. Durch diese ist der Mensch gleichsam beflügelt. Auch ist er wie Tag und Nacht. Wenn der Tag die Nacht im Menschen niederzwingt, wird der Mensch ein tapferer Streiter genannt, weil er mit kämpferischer Tüchtigkeit das

Böse überwindet. Darum streitet, o Söhne Gottes, für Christus durch den Tag und fliehet ruhigen Geistes den Nebel, der den Tag verdunkelt. Wehrt auch die nächtlichen Nachstellungen ab, die eigenwillig durch übermäßiges Schwatzen dem Herzen Luft machen wollen. Sei wie der Tag, der vom niederfallenden Tau in der Frühe berührt und nachher zu sanfter Kühle gemildert wird. So sollt Ihr alles unterscheiden und prüfen und in rechter Weise für das sorgen, was für Euch und andere gut ist« (B 147f.).

Diese Mahnung und Aufmunterung hat Hildegard an fünf Burgundische Äbte geschrieben. Gerade die Klosteroberen sollen ihr Amt mit Sorgfalt und Behutsamkeit ausüben, damit die Ordnung gewahrt wird, die Liebe und gegenseitige Achtung aber nicht zu leiden haben. Die Tugend der ›discretio‹ muss vor allem von den Oberen geübt werden, sie müssen deutlich unterscheiden können zwischen Recht und Unrecht, zwischen Gut und Böse, zwischen Härte und Milde.

»Wer ein Amt innehat, verteilt erquickende Speise in rechtem Maße, damit es denen, die Ihm (Gott, dem hellstrahlenden Licht) in Treue dienen, nicht an geistiger Freude fehlt. Der Hirt und Verwalter muss denen, die starken Herzens sind, das Schwert in der Scheide geben, den Zartbesaiteten die Pfeile im Köcher zeigen und dem, der für Wohlwollen empfänglich ist, heilbringende Gewürze reichen. Die schwarzen Tyrannen hingegen tragen die Todesgeißel« (B 120).

Hildegard selbst muss eine Meisterin des Ausgleichs gewesen sein. Ihr Amt als Äbtissin verwaltete sie sicher und bestimmt, aber einfühlsam für die Schwächen der Menschen. Recht unterscheiden zu können, um richtige Entscheidungen zu treffen, war ihr ein Herzensanliegen. Nicht zufällig nennt sie die »discretio« die »Mutter der Tugenden« (WW 252). Ein nüchterner Blick für die Gegebenheiten ist dazu nötig, damit man nicht den Illusionen verfällt und sich eine irrige Welt aufbaut. Aber dann gehört die Fähigkeit der Einfühlung dazu, damit die Menschen weder über- noch unterfordert werden. Manchmal muss ein Mensch behutsam aufgebaut und ermutigt werden, damit er wieder Stand gewinnt und seiner Aufgabe gerecht werden kann, dann aber ist auch jemand härter anzupacken und aus seiner Lethargie herauszuholen. Hildegard konnte sehr direkt werden und gab auch schon einmal jemandem einen kräftigen Rippenstoß, wenn andere Mittel nicht weiterhalfen. Dem Abt von Hirsau schrieb sie:

»O Vater und mildester Bruder, ich sehe in dir etwas wie eine untaugliche Neigung zum Erschlaffen und Vergessen. Auch sehe ich in deiner Herde das Feuer nicht stark brennen. Doch du sagst: ›Ich kann ihnen keinen Widerstand leisten.‹ Und so nimmst du eine Geisteshaltung ein, als ob du schliefest. Das darf nicht sein! ... Gott möge das Feuer in dir aufs stärkste entfachten!« (B 130).

Von Fall zu Fall gibt Hildegard andere Ratschläge, weil an jedem Ort eine unterschiedliche Situation war. Musste das eine Kloster zu größerer Strenge ermahnt werden, so bedurfte das andere einer milderen Hand. Dem Abt von St. Michael in Bamberg gab sie den Rat:

»Gott hat Himmel und Erde in großer Herrlichkeit erstellt. Hartes hat er durch Mildes so gemäßigt, dass es tragbar ist. Ahme auch die Barmherzigkeit nach, die alles so ebnet, dass man es überwinden kann. Unterscheide auch die einen Zeiten von den andern, und berücksichtige die Körperschwäche deiner Söhne nach dem Worte Gottes, der sprach: ›Barmherzigkeit will ich und nicht Opfer‹« (B 136).

Es ist auch hier eine wohltuende Sachlichkeit, die Hildegard walten lässt. Mit einer inneren Waage sucht sie abzuschätzen, welche Entscheidung sich am hilfreichsten erweisen könnte. Und auch ihre Briefpartner fordert sie auf, gerade die »discretio« besonders zu pflegen. Der Abt von St. Eucharius von Trier bekommt die Mahnung:

»Nun hüte dich, lässig zu werden in der Leitung, solange du noch ein Auge hast. Biete den Deinen das Licht dar in mütterlicher Zärtlichkeit und trockne ihre Wunden ohne den Geruch der Tyrannei« (B 154).

Die Handlungsweise Hildegards und ihr Umgang mit Menschen war von einer großen Zuversicht getragen: Jeder Mensch hat die Gabe der Unterscheidung von Gut und Böse mitgeteilt bekommen, und wenn er ehrlich in sich hineinhorcht, dann bekommt er auch die nötige Klarheit, um das Rechte zu tun. Als Gottes Spruch hört sie:

»Gab ich ihm doch die Unterscheidungskraft zwischen Gut und Böse nach meinem Gleichbild. Mit diesem Erkennen sollte er die ganze Schöpfung unterscheiden; er sollte sich bewusst erkennen und gleich Mir die Gewalt über sie haben« (WM 209).

Das Vertrauen in die Unterscheidungsfähigkeit des Menschen stützt sich vor allem auf die »rationalitas«, die Gabe vernünftiger Einsicht, die nüchterne Aufnahme der Wirklichkeit. Diese Erkenntnisfähigkeit unterscheidet den Menschen vom Tier und ermöglicht es, planend vorauszuschauen und verantwortlich wirksam zu sein. Aber es ist auch die Berufung des Menschen zu einem Leben der Vollendung mit Gott, was ihm helfen soll, auf dieser Erde sich ganz vom Guten leiten zu lassen.

»Die Vernunft ist der Mutterstoff des Wissens um Gut und Böse, und sie verhält sich wie ein Baumeister, der aufbaut und abbricht. Wer den Tag des Glaubens liebt, der baut sein Haus im himmlischen Jerusalem; wer ihn aber verachtet, der reißt sein Haus ab von der Ehre und Glückseligkeit der himmlischen Erbschaft« (WM 213).

Diese Hinordnung auf eine Vollendungsgestalt soll den Menschen aber nicht davon abhalten, seine jetzige Existenz ernst zu nehmen und seine leib-seelische Ganzheit dankbar zu durchleben.

»Der Mensch sollte beides haben: die Sehnsucht nach dem Himmel und die Sorge um die Notdurft des Fleisches. So sollte er in allen Belangen mit Diskretion derart gehalten werden, damit in ihm durch maßlos auferlegte gute Werke nicht die Errichtung einer Ruine gebaut und er nicht unter dem Andrang unpassender Sitten zugrunde gerichtet werde. Vielmehr bete er bisweilen unter Seufzen, zu anderer Stunde aber beschäftige er sich mit guten Werken, und wieder zu anderen Zeiten trage er Sorge, dass es ihm an leiblichen Bedürfnissen nicht mangle« (WM 214).

Hildegard hat es oft erlebt, dass Menschen in die Extreme fielen: Einerseits tendierten sie zur Hemmungslosigkeit und warfen alle gute Sitten über Bord, andererseits übertrieben sie die Askese maßlos und verachteten die Welt und ihren Körper. Die »discretio« bemüht sich um einen Weg zwischen den Extremen.

»Alle Tugenden sollen unter der Diskretion gleichsam unter dem Firmamente des Himmels bleiben. Diese Diskretion allein ist es, die sie so lenkt, dass sie nicht im Glück und Überschwang des

Geistes höher steigen, als sie getragen werden können, noch auch in der Verfolgung der weltlichen Dinge tiefer fallen, als die natürliche Bestimmung, die Gott ihnen gegeben hat, dies erlaubt« (WM 232).

Es erstaunt immer wieder, wie genau Hildegard psychische Phänomene beschreiben kann. Sie spricht davon, dass Menschen durch das Schwanken ihrer ethischen Maßstäbe verwirrt und traurig würden, sie fühlten sich in ihrem Gewissen zerrissen und beschmutzt, gleichsam vergiftet, ihr Sinn würde sich verdüstern und dumpf werden. Findet ein Mensch dagegen das rechte Maß, »dann bleibt er in seinem Körper heil und blühend in der Erkenntnis des Guten und Bösen« (WM 77). Das Gewissen als hilfreiches »Organ« kann blind werden, wenn der Mensch nicht darauf achtet.

»Wenn sich die Gedanken im Menschen verbohren und verhärten und so auf eitle Abwege geraten, dann unterdrücken sie infolge dieser Gewaltherrschaft die Gerechtigkeit, die – vom Tau des Heiligen Geistes übergossen — durch die Heiligkeit guter Werke aufsprießen sollte, und so schwächen und trocknen auch die übrigen Tugendkräfte in ihm aus. Sie verwandeln das Gewissen, gewissermaßen Anfang und Ziel seines Strebens, wie auch die Kraft zum gerechten Tun, die ehemals in ihm so kräftig waren, durch die Verzweiflung gleichsam in eine Fallsucht, weil das Licht der Wahrheit, das ihm leuchtete, nun geschwächt wird« (WM 74).

Und wenn Hildegard auch immer wieder beobachten muss, dass Menschen maßlos werden und sich damit selbst unglücklich machen, so bleibt sie doch zuversichtlich: Das rechte Maß wird sich durchsetzen und der Mensch wieder in die Ordnung zurückkehren.

»Gott, der in allem allmächtig ist, hat in allen Seinen Werken Maß. Er handelt mit Maß und Diskretion, damit der Mensch mehr und mehr gefestigt und bereit zur Beständigkeit im Guten wird. Wer nämlich zu stürmisch vorgeht, den ereilt oftmals das Verderben« (WM 182).

August

Der achte Monat

»Der achte Monat kommt in voller Kraft herauf, einem mächtigen Fürsten gleich, der sein ganzes Reich in der Fülle der Macht beherrscht. Daher strahlt die Freude aus ihm. Er, der dahinbrennt in der sengenden Sonne, zieht schon, einer gewissen Feuchtigkeit wegen, den Tau nach sich. Auch kann er schreckliche Gewitter bringen, weil die Sonne sich wieder ihrem Niedergang zuwendet. Die Eigenschaften dieses Monats zeigen sich in den Händen des Menschen, die jedes Werk verrichten und die Macht des ganzen Leibes in sich vereinigen und speichern. Ob dieser Hände Werk erwirbt der Mensch sich oftmals Ruhm. Gleichermaßen erkennt der Mensch durch das Geschmacksvermögen des Mundes, mehr als durch die übrigen Sinne und auf eine vollständige Weise, die den Lebensmitteln einwohnenden Kräfte. Als ein Wissender vermag er sie bei sich zu behalten, so wie auch dieser Monat mit all seinem Vermögen voller Kraft ist. Auch hat der Mensch von innen heraus seine Heiterkeit, indem er klug abzuschätzen weiß, was aus den kalten und warmen Naturen seiner Gesundheit zuträglich ist, wie auch jener Monat sowohl die Sonnenglut als auch den kühlen Tau in sich trägt. Mit solchem Wissen begabt, kann der Mensch Gefährliches und Nutzloses ausschalten, das Gute und Brauchbare aber behalten, wie auch die Hände ihre löblichen Verrichtungen kraftvoll und rechtschaffen vollenden, einem Künstler gleich, der aus seiner künstlerischen Begabung heraus alle Teile seines Hauses so aufrichtet, dass er in ihnen sein ganzes Wesen weise zum Ausdruck bringt« (WM 158f.).

In vieler Hinsicht setzt sich im August fort, was sich im Juli ereignet hat. Allerdings ist nun der Höhepunkt des Jahres überschritten, die Tage werden schon wieder kürzer. Dennoch ist der August ein gesteigerter

Juli. Wurden wir im Juli auf die starken Arme hingewiesen, so stehen nun die Hände im Zentrum.

»Der Mensch herrscht durch das Wort und wirkt mit der Hand« (WM 178). Die vier Himmelsrichtungen sind für Hildegard mehr als nur die Koordinaten unserer Welterfahrung. Sie stehen auch für die positiven und hinderlichen Kräfte unserer Welt, für die Aufgaben, die wir wahrzunehmen haben, damit wir unserer herrscherlichen Position in der Schöpfung gerecht werden können.

»Der Mensch, nach Osten gewandt und wie der Westen gleichsam auf den Osten hinblickend, hält seine Arme weit ausgebreitet. Wie Süd und Nord voneinander getrennt sind, so richtet er seinen rechten Arm nach dem Süden, den linken nach dem Norden. So durcheilt auch die Seele mit ihren Vermögen und den vier Elementen im Wissen um Gut und Böse tatkräftig den Menschen. Im Wissen um das Gute blickt sie zum Osten, im Wissen um das Böse gegen den Westen hin. So fliegt der Mensch im guten Gewissen durch das Feuer, das Gott ist, angezündet, bei der Vollendung heiliger Werke mit dem Südwind, bei der Ausführung der schlechten Taten aber mit den peinigenden Winden des Nordens, wo er seinen Sünden gemäß bestraft wird« (WM 114).

Der Osten steht also für den »Aufgang«, für den Beginn, auch für das Hoffnungshafte und Zukunftsträchtige, der warme Süden bringt den guten Beginn voran und zur Reife, der Westen steht für das Widrige und den Todesbereich, der Norden für das dämonisch Böse und Zerstörerische. Und mitten darin, allen Einflüssen ausgesetzt, steht der Mensch; er muss wissend werden und unterscheiden können, welchen Kräften er vertrauen kann und gegen welche er sich zur Wehr setzen muss.

»Der Sonne Glut, die im Osten anhub, im Süden voll erglühte, weicht, wenn sie nunmehr zum Westen geht. Auf die gleiche Weise, wie Ost und Süd sich bei der Glut des Tages vereinigen, bindet die Seele Kraft an Kraft. Sie vollendet ihr gutes Tun wie eine Hand es als Werkzeug der Arme tut. Nach vollbrachtem Tageslauf steigt also die Sonne zum Westen nieder, wie auch die Knie des Menschen mit den Füßen über die Erde eilen. Zur Abendzeit wendet sich des Tages Fröhlichkeit in Ärger und Verdruss. Nicht mehr freut sich dann der Mensch im Lichte des Tages; Verdrießlichkeit und Schläfrigkeit überkommen ihn. Der Mensch bekommt, sofern er nach den Gelüsten des Fleisches giert, ganz davon eingenommen ist und die Himmelskraft des Guten vernachlässigt, selber den Charakter der Nacht. Wirkt er aber mit seiner Seele im Feuer des Heiligen Geistes heilige Tugenden, dann erneuert er sich in der Liebe Christi von der Begierlichkeit des Fleisches« (WM 151).

Der August steht selbstverständlich noch ganz im Zeichen des ›Südens‹ und der Wärmekraft des vollen »Tages«, weil es noch viel zu tun gibt. Vom Menschen wird kluges Verhalten gefordert, damit er vorsorgen kann für die Zeit, in der nichts wächst und man nicht mehr wirken kann.

»Was die menschliche Seele angeht, so zeigt sie eine kämpferische Existenz. Aus ihrem großen Heilsverlangen heraus überwindet sie die ungebührlichen Gelüste des Menschen und dringt hart auf ihn ein. Auf einem leidenschaftlichen Weg vollendet sie ihren Umlauf und läuft vom ersten Augenblick ihres Kampfes an auf den allerhöchsten Gott zu. Mit dem Schild des Glaubens und der vollen Waffenrüstung ihrer Tugenden hat sie gegen die Gelüste des Fleisches zu kämpfen. Wenn sie siegt, jauchzt sie auf wie ein Kämpfer, der aus eigenem Willen und mit ganzer Anspannung einen Feind niedergerungen hat. In der brennenden Glut der wahren Sonne lässt sie dann den Menschen aufseufzen, damit er Tränen vergieße in der Erquickung wahrer Reue, die alle Sünden dörrt« (WM 159).

Das Leben des Menschen ist – im Verständnis Hildegards – von einem dauernden Kampf bestimmt. Immer wieder neu muss er sich fragen, ob er sich auf dem rechten Weg befindet oder ob er umdenken und umkehren muss. In der »Blühkraft guter Werke« wird er die Fähigkeit bekommen, »täglich kraftvoll voranzuschreiten«.

Über die Spaltungen in der Kirche

Wir beklagen heute, dass die Kirche in sich zerrissen ist und die verschiedenen Konfessionen sich oft genug noch bekämpfen und gegenseitig in Frage stellen. Auch Hildegard hat zu ihrer Zeit unter der schismatischen Situation gelitten, zumal es vor allem kirchenpolitische Gründe waren, die Aufteilung der Macht in kirchliche und weltliche Hände, die zu Spaltungen geführt hatten. Nicht Glaubensfragen zerrissen die westliche Christenheit, sondern die Frage der Vormachtstellung zwischen Kaiser und Papst.
In ihrem Hauptwerk »liber divinorum operum« horcht sie auf die Stimme Gottes und schreibt folgende Sätze auf:

»Ich, die Gerechtigkeit Gottes, muss mit klagender Stimme rufen: Meine Krone ist durch das Schisma der in die Irre gegangenen Geister verdunkelt, da ein jeder nach seinem Wollen sich sein Gesetz gegeben hat. Die noch selber einen Lehrer brauchten und seine Zuchtrute nötig hätten, wollen Lehrer sein, in leichtfertiger Verfassung sich selber lenken und das nützlich nennen, was sie selbst sich aussuchen. Und so leben sie treulos, weil sie auf sich selbst bauen, wo sie doch weder aus sich noch von anderen auf diese Weise das Heil des Lebens gewinnen, das niemand anders gewähren kann als Gott allein. Durch alles das ist meine Krone verdunkelt« (WM 293).

Hildegard war über die politischen Querelen ihrer Zeit gut informiert. Zu Kaiser Friedrich I. von Staufen hatte sie ein gutes Verhältnis, mit ihm hat sie sich in seiner Pfalz Ingelheim auch einmal getroffen. Aber sein permanenter Streit mit den römischen Päpsten muss ihr Verhältnis belastet haben. Dreimal hatte Kaiser Barbarossa dafür gesorgt, dass der jeweilige Papst für abgesetzt erklärt wurde, dreimal hatte er Gegenpäpste eingesetzt. Die deutschen Bischöfe waren nun im Zwiespalt, auf welche Seite sie sich schlagen sollten, der Riss ging quer durch das ganze Land. Doch schrieb Hildegard die Schuld an der traurigen Situation nicht allein dem Kaiser zu, sie wusste auch um die Schäden in der Kirche. Deshalb führt sie ihren Text weiter fort, indem sie wieder die Gerechtigkeit Gottes sprechen lässt:

»Auch mein Gewand ist beschmutzt, vom Staub der Erde. Gerade die Menschen haben es entehrt, die, nachdem sie die Welt verlassen haben, im heiligen und guten Wandel das Gewand des Gottessohnes tragen. Denn sie lassen sich mit Dirnen ein … Daher sind sie blind, taub und stumm. Sie singen nicht das Gotteslob, noch urteilen sie nach meinem Urteil, sondern sie verschlingen die Habsucht und heilen die Wunden nicht, von denen sie selbst bedeckt sind. Der Heiligen Schrift gegenüber, die zu ihnen spricht, sind sie taub. Sie hören nicht auf sie, noch lehren sie diese den anderen« (WM 293).

Das ist schon eine recht massive Kirchenkritik. Sie wirft den römischen Spitzen nicht nur sittliche Verwahrlosung vor, sondern auch Geiz und Habsucht, vor allem aber das Sich-Verschließen gegenüber den eigenen Glaubensvorstellungen. Sie ›hören‹ nicht mehr, wollen nicht mehr ›Schüler‹ sein, sondern schwingen sich als Lehrer auf. Sowohl die Kirche wie auch der Staat sind verrottet und deshalb in die Krise geraten.

»Auf diese Weise entsteht ein ekelhafter Zustand in allen festgeordneten Ständen der Kirche. Wie ohne Stab schreitet sie einher, weil alle Ordnungen fast schon ins Wanken gerieten. Wenn nämlich die Sonne verfinstert in den Wolken steht, dann herrscht unter den Geschöpfen nicht die natürliche Freude und Heiterkeit, und so auch nicht unter den Völkern, wenn sie ohne König sind. Die Ordnungen der kirchlichen Stände sind verfinstert, weil sie nur noch den Namen tragen wollen, ohne das zugehörige Werk zu tun. Deshalb ist bei ihnen keine wahre Freude, wie bei einem Glauben, der ohne Werke ist« (WM 293f.).

Couragiert trägt also Hildegard ihre scharfe Kritik an den kirchlichen und weltlichen Obrigkeiten vor. Ist es nicht bemerkenswert, dass sie nicht einseitig Partei ergreift, sondern auf allen Seiten die Gründe für die fatale Entwicklung sieht! Die Vertreter beider Mächte sind eigenwillig, verbohrt, besserwisserisch und nicht wirklich lernbereit. Alle müssten ihre Positionen relativieren, müssten wieder demütig und lernfähig werden: das Ohr der Wahrheit öffnen, um einen begehbaren Weg aufeinander zu zu finden. – Dies macht vielleicht auch die Aktualität der Stellungnahmen Hildegards aus.

Vom Werden und Vergehen

»Durch Sein lebendiges Wort befahl Er, dass die mütterliche Erde zu Wuchs und Blüte der Kräuter aufgrüne und schöpferischen Samen trage« (WM 217).

Unser Lebensbereich ist eine veränderliche Welt, in der alles auf Wachsen und Reifen angelegt ist, alles aber auch wieder verwelken und vergehen muss. Wo etwas heranwächst und Frucht bringt, da muss es auch mit dem Niedergang rechnen. Dieser immerwährende Prozess bestimmt das irdische Dasein.

»Würde die Erde zweimal im Jahr ergrünen und zwischendurch Frucht bringen, dann müsste sie austrocknen und wie Staub werden. Das hat zu besagen: Würde die Seele unausgesetzt den Wünschen und Gelüsten ihres Fleisches zustimmen, könnte sie kein Werk vollenden. Ist sie doch ein lebendiger Geisthauch, der mit edlem Feingefühl den ganzen Leib durchströmt, um ihn zu beleben, wie auch der Hauch der Luft die ganze Erde fruchtbar macht. Diese Luft existiert gleichsam als Seele der Erde, indem sie deren Feuchte mit ihrem Hauch berührt und sie so ergrünen lässt. Und wie diese Luft, deren Grünkraft im Menschen das Blut und deren Feuchte den Schweiß bezeichnen, auf Erden unsichtbar da ist und ohne berührt werden zu können, so erwärmt auch die Seele das Blut, ohne dass man sie spüren könnte und über ihre Vernunft ist sie unsichtbar in ihm am Werke. Der Mensch versteht ja durch die Seele, dass er Gott besitzt« (WM 132).

Was für die Natur und ihre Rhythmen gilt, das gilt – auf seine Weise – auch für den Menschen: Aufstieg und Abstieg, Wachstum und Niedergang, Blühen und Vergehen. Es gehört zur realistischen Einschätzung seiner eigenen Existenz, dass er diesen großen Lebensbogen wahrnimmt und innerlich bejaht.

»In seinem jugendlichen und reifenden Lebensalter wird der Mensch aufblühend vollendet; mit dem Greisenalter wird er wieder zum Welken gebracht, in gleicher Weise, wie auch die Erde im Sommer durch die Grünkraft in Blüten geschmückt wird, um sich nachher durch die Kälte in Winterblässe zu verwandeln« (WM 136).

Solange er aber lebt, weiß sich der Mensch in einer großen Bewegung: Was in ihm angelegt ist, soll herauskommen und glaubwürdige Gestalt erhalten. Alle unsere Gaben sind Talente, die es uns ermöglichen, das von uns erwartete »Werk« zu vollbringen. Und dieses »Werk« ist zunächst einmal unsere eigene Personalität, die unverwechselbare Besonderheit dessen, was Gott in uns hineingelegt hat.

»Der Mensch wird im Feuer zusammengefügt und mit dem Wasser durchdrungen, um Gestalt werden zu können. Deshalb vollendet er auch jedes erdige Kunstwerk, das er macht, mit Feuer und Wasser ... Der Mensch ist seinem Wesen nach Feuer. Deshalb kocht Gott den Menschen im Feuer und durchtränkt ihn mit Wasser ... Wäre der Mensch ohne sein schöpferisches Tun und hätte er keine feste Wohnstätte, so bliebe er ein leeres Ding« (WM 201).

Die Sehnsucht Hildegards geht auf einen Zustand hin, der nicht mehr dem Werden und Vergehen unterliegt. Wenn einmal der zeitliche Wandel und die rhythmischen Wiederholungen zurückgelassen werden können, taucht die Schöpfung ins Gültige und Endgültige der göttlichen Ewigkeit ein.

»So liegt auch im Winter alle Frucht in der Erde verborgen und wird gar nicht gesehen, weil sie noch nicht ausgebildet ist. Und so hatte auch dieses Gesetz noch keinen Sommer, weil der Sohn Gottes noch nicht im Fleische erschienen war. Mit Seinem Kommen aber ist die ganze Welt in die geistige Sinndeutung verwandelt worden, und alles zeigt die Frucht des ewigen Lebens aus den Geboten des Evangeliums, wie auch der Sommer die Blüten und Früchte hervorbringt. In diesen Tagen wird aus Gottes Kraft heraus der wahre Sommer herrschen« (WM 300).

Unseren jetzigen Zustand aber haben wir als Zeit des äußeren und inneren Wachstums zu nutzen. Das Lieblingsbild Hildegards für diesen Reifeprozess ist die Metapher vom Kochen und Backen: Erst wenn wir durchgekocht und gebacken sind, werden wir für das reif, was Gott mit uns vorhat.

»Gleichwohl kann der Mensch, der so durch die Kräfte der Seele wächst, in seinen Gefäßen und im Mark aber noch nicht ausgereift und gestärkt ist, wegen der Zartheit seines Leibes noch nicht das erkennen, was himmlischer Art ist, auch nicht die höllischen Strafen unterscheiden, weil sein Leib noch nicht zur Vollkommenheit durchgekocht ist« (WM 102).

Deshalb sollen wir uns mit ganzer Kraft dieser Erde und diesem Leben zuwenden, die irdische Existenz in ihrer Gebrochenheit und Wandelbarkeit ernst nehmen, aber wir sollen auch nie vergessen, dass noch etwas aussteht, was alle Vorstellungen übergreift. Für jetzt jedoch gilt:

»Das Herz muss ständig und mit ganzer Kraft laufen« (H 95).

September

Der neunte Monat

»Der neunte Monat ist Reifezeit. Keine schrecklichen Gewitter verzehren mehr sein Gesicht. Allen wertlosen Saft nimmt er von den Früchten, damit sie gut zu genießen seien. All das trägt dieser Monat wie in einem Sack sicher durch die Zeit. Er kann daher mit seinen Eigenschaften dem Magen des Menschen verglichen werden. Alles, was in ihn hineingestopft wird, muss mit Hilfe der Leber und der übrigen Eingeweide durchgekocht werden. Daher wirft er auch normalerweise sein Produkt aus Erhitzung und Abkühlung in bestimmter Gesetzmäßigkeit wieder aus. Doch kann die natürliche Funktion häufig durch Krankheiten beeinträchtigt werden, wie auch dieser Monat mit durchlaufenden Wettern bisweilen in seiner Regelmäßigkeit durcheinandergebracht wird. Der Mensch aber vermag zufolge seiner Sinnesausstattung zu erkennen, was zum Verzehren reif ist. Erst jetzt wird er die Früchte zu sich nehmen, damit er nicht durch die Unreife jener Säfte unpässlich werde. Ähnlich hält dieser Monat den ungeeigneten Saft aus den Früchten fern« (WM 159f.).

Mit dem ausgehenden Sommer ist das Getreide und sind die Früchte reif geworden, die Ernte kann eingebracht werden. Und wenn Hildegard die Scheunen betrachtet, die sich nun allmählich füllen, dann fällt ihr der Magen ein, der auch die verschiedenen Speisen aufnimmt, um sie zu verarbeiten und als Baustoffe den einzelnen Körperteilen weiter zu reichen. Das Getreide wird zunächst geschnitten, dann gedroschen, die Körner schließlich gemahlen, um uns als Mehl dienen zu können. Dieser Vorgang mit seinen einzelnen Arbeitsphasen dient Hildegard zur Veranschaulichung der körperlichen wie der seelischen Verarbeitung der vielfältigen Erlebnisse.

»Wie durch die Kehle die Speisen zum Magen geschickt werden, nachdem die Mühle der Zähne sie zuvor zerkleinert hat, und wie die Brust des Menschen im Denken und Überlegen alles, was des Menschen ist, mäßigt, und wie der Bauchraum die Eingeweide des Organismus hält und in sich schließt, so sendet auch die erwähnte Luft die grünenden Kräfte in die Frucht und bewahrt so alle Dinge auf der Welt zum Heile des Menschen.

Auf die gleiche Weise kaut auch die Seele alles Tun des Menschen durch und übermittelt es dem Gedächtnis, auf dass nichts davon ohne eine innere Verarbeitung zurückbleibe, wie auch die Speise dem Magen durch den Schlund vermittelt wird. Und wie die Speise durch die Zähne zerkleinert wird, so schreibt auch die Seele mit ihrem Geisthauch die Werke des Menschen ein, sobald dieser sich mit ihnen auseinandersetzt. Was so eingeschrieben ist, sammelt sie im Denken, auf dass der Mensch erkenne, welcher Art sein Tun sei, welches er somit unausgesetzt anschaut wie auch die Gestalt der übrigen Dinge in seinen Gedanken, in denen all dieses ausgebildet worden ist. Der Mensch kann von seinen Taten nichts vergessen, weil diese in seinen Gedanken gleich den Eingeweiden im Bauchraum eingeschlossen aufbewahrt werden; und er selbst wird durch die Seele in all seinem Tun stark, da diese Seele luftiger Art ist. Die Gedanken mitsamt dem Wissen sind in der Brust des Menschen wie eine Dienerschaft all seiner Taten, weil sie diesen zuvorkommen und so sie vorbereiten, wie die Linke der Rechten dient und wie der Winter Knecht des Sommers ist, da er alles bewahrt, was der Sommer hervorbringt« (WM 124f.).

Hildegard hat eine Vorliebe für das Wort »Kochen«: Der Kochvorgang macht die rohen Früchte der Erde genießbar, hilft dem Körper, sie

aufzunehmen und zu verarbeiten. So ist auch der seelische Reifungsprozess ein Kochen, damit aus dem rohen und ungeformten Menschen eine reife Person, ein verantwortlich Handelnder wird. Und wie der Magen immer wieder neu Speisen aufnehmen muss, damit der Körper wächst und sich entfaltet und zu neuen Kräften kommt, so muss auch die seelische Existenz durch neue Eindrücke bereichert werden. Die ganze Welt, die wir mit unseren Sinnesorganen wahrnehmen, wird nach innen geleitet und bekommt in unserem Gedächtnis ihren Platz.

»Der Magen hat seinen Sitz im Bauchraum. Die Speisen werden ihm anvertraut und wieder von ihm ausgeschieden. Wie ein Sack ist er mit den Eingeweiden zusammengebunden. Dieser Magen weist hin auf die Fassungskraft der Welt. Jedes Ding der Welt füllt dieses sein Fassungsvermögen mit seinem Keimen und Wachsen auf und lässt es nach seinem Dahinschwinden gleichsam leer zurück. Auch der Mensch, der wie der Mond wächst und schwindet, ist so am Werk mit der Seele, die angefüllt ist mit allen Dingen der Welt. Und wie das Blut sich in den Adern befindet, so sind alle Werke des Menschen in der Seele.«

»Wie aber der Magen, der die Speisen aufnimmt und abgibt, mit den Eingeweiden verbunden ist, so wirkt auch die Seele mit allen Geschöpfen im Menschen, indem sie entweder im Guten aufsteigt oder im Bösen absinkt. Und wie die Geschöpfe im Sommer blühen und grünen, im Winter dörren und welken, so blüht und grünt auch die Seele freudig in ihren guten Werken, im Tun des Bösen aber dörrt sie unter Trauer aus und vergeht.

Auch dem Magen ist es nicht gut, wenn er leer wäre, wie es auch für die Fassungskraft der Welt nicht nützlich wäre, wenn sie von der Vielfalt der Kreaturen entblößt würde. Jenes weltweite

Fassungsvermögen ist nämlich die Verteilerin der Kräfte in der Fruchtbarkeit der Erde. Es lässt diese in keiner Weise allein und leer zurück bei diesen notwendigen Vorgängen der Reifung. Wäre die Welt beschränkt und zusammengedrängt, so dass ihr die Weiträumigkeit fehlte, könnte sie die Fülle der Geschöpfe, die sie nun hat, nicht tragen« (WM 130).

Aber es ist nicht nur der Magen, den Hildegard dem Monat September zuordnet, auch ein Sinnesorgan gehört diesem Jahressegment zu: das Getast. In einem anderen Zusammenhang sieht Hildegard eine gewisse Zuordnung der fünf Sinne zu den verschiedenen Himmelsrichtungen. Dem aufgehenden Osten teilt sie das Sehvermögen des Auges zu, dem nachtzugehörigen Westen die Hörfähigkeit des Ohres, dem heißen Süden den Geruch, dem kalten Norden den Geschmack.

»Der fünfte Teil, der in der Mitte liegt, wird von den anderen in seiner Festigkeit gekräftigt und durch die verschiedenartigen Einflüsse gemäßigt. Dementsprechend wird das Tasten, gewissermaßen in der Mitte der anderen Sinne lebendig, von diesen gekräftigt, indem alle ihm ihre Eigenkräfte zuerteilen und ihn für seinen Dienst kräftigen, wie dies ja auch mit der Anordnung der Finger gezeigt wird, da durch sie alle Werke durchgeführt werden, die zur ewigen Vergeltung führen sollen« (WM 189).

So wie der September zwar noch einmal starke Wärme bringen kann, aber durch die allmählich kürzer werdenden Tage eine Milderung des Klimas erreicht wird, so soll der reifer gewordene Mensch nicht mehr durch die Gefühlsschwankungen getrieben werden, sondern durch ein deutlicher ausgeprägtes »Maß« sein Gepräge bekommen. Das Tastvermögen steht bei Hildegard für dieses kluge Ausbalancieren.

»Das Tastgefühl soll die Vollkommenheit der Werke und nicht den Leichtsinn der Fehler haben ... Gemäßigte Hitze und Kälte gestatten das Wohnen, wie auch die Finger bei aller Verschiedenheit die Hand in ihrer Kraft zusammenhalten und stärken und wie auch die fünf Sinne des Menschen trotz ihrer verschiedenen Natur gleichsam mit Feuer und Wasser das Tasten durchziehen und so gegenseitig ihre Hilfskräfte für die Gesamtfunktion zur Verfügung stellen« (WM 191f.).

So wie das Jahr allmählich sein »Maß« gefunden hat, so soll auch der Mensch allmählich auf geruhsamere Bahnen kommen, indem er zwischen dem »Zuviel« und dem »Zuwenig« seinen Weg findet und nicht mehr den Extremen verfällt.

»Der Mensch lenkt nämlich sein Augenmerk darauf, nicht über das Maß, sondern rechtmäßig und ausreichend gesättigt zu werden, damit die Säfte mit ihren verderblichen Stoffen nicht in ihm aufgewühlt werden. Mit einer solchen Vorsicht eignet sich der Mensch alles Brauchbare an, wie jemand wohl einen Gegenstand, den er liebgewonnen hat, sorgfältig bei sich einschließt, damit er nicht abhanden komme. So ist der Mensch mit seinem Tastvermögen dem Magen zu vergleichen, der seinen aufgenommenen Bestand in Erhitzung und Abkühlung maßvoll durchmischt und dann weitergibt, wie auch in diesem Monat alle reifen Dinge vorkommen, deren Säfte später ausgetrocknet werden« (WM 160).

Aber für das menschliche Lebensalter, das dem September des Jahres entspricht, ist eine Tugend ganz besonders wichtig: die Geduld. Jeder Reifungsvorgang braucht seine Zeit, man kann sie nicht willkürlich abkürzen. Und auch die Niederlagen und Enttäuschungen gehören zu unserem Leben, auch sie prägen uns und müssen durchgestanden werden, ohne dass wir mutlos werden oder der Verzweiflung verfallen.

»Denn Geduld mit Demut findet sich in den Höhen, indem sie den Hochmut überwindet. Diese Geduld begleitet den Menschen auch in die Düsternis des Versagens, indem sie ihn mahnt, um der Sündentaten willen nicht an Gottes Barmherzigkeit zu verzweifeln. So hält die Geduld alle Werke in der maßvollen Mitte, gleichsam in ihrer vollen Reife. Was an Heiligem geleistet, wird behütet vor falscher Vermessenheit, und was im Pfuhle der Sünde gefehlt, wird von der Verzweiflung freigehalten, damit es noch geheilt werden kann. In dieser Weise ist Geduld immerfort auf dem rechten Wege, weil sie das Himmlische nicht lässt und das Irdische nicht verachtet« (WM 161).

Die Berufung des Menschen

»Mit Recht wird der Mensch ›Leben‹ genannt, weil er Leben ist, solange er aus dem Geisthauch existiert ... Hat doch Gott bei der Bildung des Menschen Seine verborgenen Geheimnisse in ihn verschlüsselt, da der Mensch im Wissen, im Denken und im Wirken zum Gleichbild Gottes gemacht wurde« (WM 279).

Von der Größe und Hoheit des Menschen ist Hildegard tief überzeugt. Es ist keine Größe, die der Mensch selbst errungen und erreicht hat, sie hat vielmehr Geschenkcharakter und ist mit Aufgaben und Verpflichtungen verknüpft. Und trotzdem darf der Mensch stolz sein auf seine herrscherliche Position im Gesamtgefüge der Schöpfung, weil er die Fähigkeit geschenkt bekam, über sich nachzudenken und aus seiner Freiheit heraus sein Werk zu vollbringen.

»Ihr seid Götter, weil der Mensch über jedes Geschöpf herrscht, indem er jedes voll und ganz seinen Bedürfnissen unterwirft, so wie er es wünscht. Denn wie der Mensch den allmächtigen Gott in Glaube, Furcht und Liebe besitzt, so schaut die Kreatur auf den Menschen wie auf Gott, und zwar durch die Leitung der Furcht, und sie liebt ihn, da sie von ihm gehütet wird. Ihr werdet aber auch Söhne dessen genannt, der erhaben in den Höhen herrscht, weil ihr durch die Gnade des lebendigen Gottes als vernünftige Wesen geschaffen seid, gleichsam aus Ihm geboren, und da ihr alles Wissen, das euch notwendig ist, von Ihm habt« (WM 240).

Die herrscherlichen Aufgaben sind also verbunden mit der Notwendigkeit, das eigene Tun zu verantworten. Der Mensch ist Hirte der Kreatur: Sie schaut zu ihm auf, er darf aber seine Vorrangstellung nicht ausnützen. Das, was den Menschen vom Tier unterscheidet, ist seine Vernunft, die Einsicht in größere Zusammenhänge, die Unterscheidungsfähigkeit.

»Durch die Vernunft seines Lebens, die in seinem Innern verborgen ist und die kein Geschöpf in seiner Körperlichkeit wahrnehmen kann, soll er wissen, dass er vorstehe den Fischen, die im Wasser schwimmen, den Vögeln in der Luft, den ungezähmten Bestien, der gesamten Kreatur, die sich auf Erden aufhält, wie auch jedem Kriechtier, das sich auf der Erde regt. Denn alle diese soll die Vernunft des Menschen überragen« (WM 234).

Das »Prinzip Verantwortung« hat bei Hildegard einen hohen Stellenwert. Die ganze Schöpfung ist in einem labilen Gleichgewicht: Ohne Rücksicht aufeinander wird das irdische Leben immerzu gestört.

»Gott hat alle Dinge der Welt so eingerichtet, dass eins auf das andere Rücksicht nehme. Je mehr einer vom anderen lernt, wo er von sich aus nichts weiß, um so mehr wächst doch in ihm das Wissen. Daher besitzt er durch die Wissenschaft Augen, um auf sich zu achten, damit er nicht in eine Gefahr renne und sich darin aufs Spiel setze. Wenn der Mensch nämlich nicht darauf achten würde, wem könnte er dann durch sein Befehlen vorstehen? Welches Geschöpf würde ihm gehorchen, und was in der Schöpfung würde ihm noch dienen? Mit Hilfe der Natur setzt der Mensch ja ins Werk, was für ihn lebensnotwendig ist« (WM 181).

Wenn wir heute mühsam um einen ökologischen Ausgleich ringen, uns mühen um ein harmonisches Einvernehmen von Mensch und Umwelt, dann müssen wir feststellen, dass Hildegard schon vor über achthundert Jahren von einem solchen naturverträglichen Zusammenhang von Mensch und Umwelt ausgegangen ist. Sie drückt das in ihrer Sprache plausibel und eindrucksvoll aus.

»Der lufthaltige Wind erfüllt die Kreaturen, mit denen der Mensch schafft; denn er könnte kein Mensch sein, wenn die übrigen Geschöpfe nicht da wären« (WM 284).

Aber Hildegard geht noch weiter: Die Dinge und Wesen der vielgestaltigen Schöpfung haben etwas mit dem Menschen zu tun, er ist von ihnen geprägt, er hat etwas von ihrer Struktur in sich.

»Gott hat die Gestalt des Menschen nach dem Bauwerk des Weltgefüges, nach dem ganzen Kosmos gebildet, so wie ein Künstler seine Formen hat, nach denen er seine Gefäße macht. Und wie Gott das riesige Instrument des Weltalls nach ausgewogenen Maßen gemessen hat, so hat er dementsprechend den Menschen in seiner kleinen, kurzen Gestalt abgemessen« (WM 152).

Die große Welt des Kosmos und die kleine Welt des Menschenlebens entsprechen einander, deshalb kann er etwas von seinem eigenen Geheimnis entdecken, wenn er die großen Dimensionen des Weltalls beobachtet. Aber es bedeutet auch, dass er die Vernachlässigung seiner Verantwortung am eigenen Leibe spüren wird. Sein Versagen wirkt sich auf ihn selbst aus, weil alles in einer inneren Beziehung steht und das eine auf alles andere wirksam wird.

»Die gesamte Schöpfung, die Gott in der Höhe wie in den Tiefen gestaltet hat, lenkte Er zum Nutzen des Menschen hin. Missbraucht der Mensch seine Stellung zu bösen Handlungen, so veranlasst Gottes Gericht die Geschöpfe, ihn zu bestrafen« (WM 65).

Musik

»Jedes Element hat einen Klang, einen Urklang aus der Ordnung Gottes; all dieses Tönen vereinigt sich wie der Zusammenklang aus den Harfen und Zithern« (HK 261).

Zu den schönsten Aussagen Hildegards gehört vielleicht, dass sie die ganze Schöpfung als ein großes musikalisches Werk Gottes ansieht. Alles, was existiert, trägt zu dieser umfassenden konzertanten »Aufführung« bei; keiner darf sich heraushalten, weil sonst etwas fehlt am Gesamtkunstwerk des Zusammenklangs. – Wenn das Singen und Musizieren so wichtig ist, wenn es eine Form des Gestalt gewordenen Glaubens wird, dann kann sich niemand dieser Form eines urtümlichen Gottesdienstes entziehen, jeder ist aufgerufen und wird einbezogen. »Gesang macht die Herzen weich«, sagt Hildegard, ja, das Singen ruft den Heiligen Geist herbei.

»Jubelloblieder, die in Einfalt, Einmütigkeit und Liebe erschallen, geleiten die Gläubigen zu jener Seeleneinheit, die keine Zwietracht kennt. Sie bewirken, dass die, die auf Erden weilen, mit Herz und Mund nach dem himmlischen Lohne trachten ... Deshalb soll, wer immer Gott im Glauben erkennt, Ihm lobsingen, unablässig und getreu, und Ihm jubeln in Hingabe ohne Aufhören« (WW 356).

Das Werk Hildegards ist durchzogen von Hinweisen auf die Bedeutung der Musik. Singen und Musizieren muss ein ganz wesentliches Element ihres Lebens gewesen sein. Deshalb hat sie ja auch so viele Lieder geschrieben und mit ihrem Konvent gesungen. Immer wieder ist vom »honigfließenden Gesang« die Rede, vom »Reigen des Frohlockens«, von den »Zimbeln des Jubels«. – Und als man in ihrem letzten Lebensjahr über ihr Kloster das Interdikt verhängte und dem Konvent das gottesdienstliche Singen verbot, schrieb sie den Mainzer Prälaten einen Brief, in dem sie ihre Vorstellung von der Bedeutung des Musizierens darlegte.

»In der Kirche hat das Singen des Gotteslobes als Widerhall der himmlischen Harmonie seine Wurzeln vom Heiligen Geist. Der Leib aber ist das Gewand der Seele, die der Stimme Leben gibt. Darum muss der Leib seine Stimme im Einklang mit der Seele zum Gotteslob erheben. So befiehlt auch – symbolhaft – der Geist des Propheten: Gott solle mit schallenden Zimbeln gelobt werden, mit Zimbeln hellen Jubels und mit den übrigen Musikinstrumenten, die kluge und fleißige Leute hergestellt haben. Denn alle Künste, die dem Nutzen und der Notdurft der Menschen dienen, sind von dem Hauch ersonnen, den Gott in den Leib des Menschen gesandt hat. Und darum ist es gerecht, dass Gott in allem gelobt werde« (B 239f.).

Das Singen und Musizieren sind also nicht eine »Zutat«, die auch unterbleiben könnten, sie sind wesentlich für den menschlichen und gläubigen Vollzug des Lebens. Es würde zu einer unverantwortlichen Verkümmerung des Menschen führen, würde er diese Grundbegabung völlig vernachlässigen.

»Die Seele ist musikalisch gestimmt, im Psalm den Herrn auf der Harfe zu preisen und ihm lobzusingen mit zehnsaitigem Spiele und dem Psalter« (H 261).

So wie das Singen den Leib und die Seele innig miteinander verbindet, so wird auch Himmel und Erde als große harmonische Einheit zusammengefügt, weil der singende Lobpreis schon in den Bereich des Vollkommenen hinüberweist.

»Daher jubelt die ganze himmlische Harmonie zu Gott auf, dass der irdische Mensch, der doch der Erde entstammt, in jene Höhe, wo Gott weilt, aufblicken konnte; alles Lob mit jeder Art von Musik erklingt über die Himmel um der Wundertaten willen, die Gott im Menschen wirkt« (WM 230).

Unser Musizieren ist allerdings erst der Vorausklang, die Einübung in eine himmlische Musik, für die uns die Ohren richtig geöffnet werden müssen. Die Engel dürfen jetzt schon eine Form des endzeitlichen Jubels anstimmen, den wir erst ersehnen.

»Sie künden von der Gottheit mit dem lebendigen Tönen ihrer herrlichen Stimmen, die zahlreicher als der Sand am Meere sind und über alle Zahl an Früchten, die immer die Erde hervorbringen mag, reicher als alles Tönen, das die lebendigen Wesen hervorbrächten und leichter als der Glanz, der von Sonne, Mond und Sternen in den Gewässern funkelt. Herrlicher ist dieser Klang als die Musik des Äthers, die aus dem Brausen der Winde ersteht, welche die vier Elemente hochhalten und festfügen. Und doch vermögen die seligen Geister mit all diesem Stimmenjubel die Gottheit nicht zu fassen, weshalb sie auch immer Neues in ihren Stimmen hinzu erfinden« (WM 247).

Hildegard hat ihre Lieder sicher als Vorausklang und Vorahnung dieser himmlischen Musik verstanden. Und wenn sie darüber nachdachte, wie sich denn das Leben in der Vollendung ereignete, da war es selbstverständlich: Die Seligen werden in den ewigen Chor und das himmlische Tanzspiel hineingenommen.

»Des Lobpreises wegen, mit dem sie Gott in der Stimme des Jubelns demütig und ehrfurchtsvoll auf dieser Welt ihr Lob brachten, nahm ihre Stimme jetzt den Wohlklang aller Arten von Musik an, und wegen des unablässigen Dienstes beim göttlichen Amt des Herzens und Mundes während ihrer Lebenszeit wiederholten sie nun einstimmig die Tugendgüte und sangen ohne Überdruss immer neue Lieder« (MV 279).

So wird verständlich, wie hoch der Stellenwert des Gesangs im Gesamtzusammenhang des Weltverständnisses Hildegards ist. Wir sollen nicht aufhören mit Singen und Musizieren, damit sich unser Herz nicht verhärtet und damit der Heilige Geist uns mit seinem verlebendigem Sturmwind immer wieder erneuert.

»Dass des Menschen Stimme immer so klar bleibt, das macht der kraftvolle Schwung des Bewusstseins« (H 264).

Oktober

Der zehnte Monat

»Der zehnte Monat gleicht einem sitzenden Menschen. Er eilt nicht mehr in der Vollkraft seiner grünenden Lebensfrische dahin und hat nicht mehr die volle Lebenswärme. Dafür schmückt er das Geäst der Bäume aus, indem er die Kälte ausschwitzt. So faltet sich auch der sitzende Mensch zusammen, um der Kälte zu entgehen. Er zieht sich jetzt ein Kleid über, damit er warm hat. Das ist ein Beispiel dafür, dass der Mensch, wenn er im Alter zu frieren beginnt, auch weiser wird. Denn der knabenhaften Sitten überdrüssig, stellt er in der Reife des Alters den Wankelmut leichtfertiger und törichter Verhaltensweisen ein. Er meidet die Gesellschaft stupider Leute, die ihn mit ihrer Unwissenheit doch nur täuschen würde. Auch lassen wegen der Alterskräfte in ihm die vielfältigen und nun überflüssig gewordenen Gelüste im Fleischlichen nach. So ist auch dieser Monat bei aller Grünkraft nicht mehr ganz angenehm, da infolge der Trockenheit und Kälte die Zweige entlaubt werden« (WM 161).

Es gibt Zeiten, in denen der Mensch mit allen Kräften wirken muss und zur Arbeit aufgerufen ist, und es gibt Zeiten der Muße, der gelassenen Rückschau und des Ausruhens. Wenn die Ernte eingebracht ist, muss nicht mehr mit dem gleichen Eifer weitergearbeitet werden. Auch im Herbst des menschlichen Daseins kommt es nicht mehr auf einen Übereifer des Schaffens an: Das Sitzen mag einerseits auf ein Nachlassen der Körperkräfte zurückgehen, auf eine immer stärker einsetzende Müdigkeit, es kann aber auch auf eine größere Distanz zum Alltagsleben zurückzuführen sein. Der Karrieredruck spielt keine Rolle mehr, die Eitelkeiten des Weltgetriebes berühren den alternden Menschen nicht mehr im gleichen Maß wie früher. Allerdings gehört zu dieser Einstellung ein wesentliches Element: Weisheit, ein neues innerliches Wissen von dem, was wirklich wichtig ist und von dem, was man leichten Herzens entbehren kann. Vielleicht bekommt jetzt erst der Mensch ein Gefühl für das »rechte Maß«.

»Der Leib soll maßvoll so gepflegt werden, dass bei dieser rechtmäßigen Erquickung sich die Seele freuen kann. Sie soll die richtige Erfahrung mit ihm machen dürfen, damit er nicht durch allzu große Enthaltsamkeit stürzt und zu Boden fällt, aber auch nicht durch den Überfluss der geschilderten Unmäßigkeit unter Druck gesetzt wird. Und so vollziehen sich alle diese Dinge im Menschen durch die Mahnung des Heiligen Geistes, die er heiteren Gemütes angenommen hat« (WM 221).

Wer zur Ruhe gekommen ist, kann die Sachverhalte ruhiger und unaufgeregter unterscheiden, er muss nicht mehr hitzig aufbrausen und sich nicht mehr in alles hineinmischen. Aber vielleicht kann er dazu beitragen, anderen zu helfen, damit sie offene Augen und ein lernbereites Herz bekommen.

»In aller Welt sollte der Mensch das Nützliche heraussuchen und das Schädliche zurückweisen, wie auch die Erde überall dort fruchtbar wird, wo sie vom Saft durchtränkt ist. Ist sie aber ohne den Saft hart und steinig, kann sie keine Frucht bringen. Denn der Mensch in seinem guten Gewissen ist als eine gute und köstliche Erde zu verstehen, im schlechten Gewissen aber als harte und steinige Erde« (WM 222).

Das Sitzen deutet aber auch auf die meditative Stille hin, die Fähigkeit zum Loslassen. Festhalten soll der Mensch nur noch das, was ihn mit Gott verbindet und ihn auf das Kommende vorbereitet.

»Die Seele, geschaffen als ein lebendiger und kluger Geisteshauch aus Gott, der in Wahrheit die Weisheit selber ist, belehrt den Menschen, dass er das festhalten soll, was von Gott kommt. Mit Gottes Gnade unterwirft sie sich in einem glückseligen Menschen dem Leibe mit all ihren Kräften, wie der Herrin die Magd, und bereitet ihm Freude am Guten« (WM 161).

Die Rhythmen des Daseins

»Der Mensch existiert gleichsam an einer Wegkreuzung. Sucht er im Licht nach Gottes Heil, so empfängt er dies auch. Wählt er aber das Böse, so folgt er dem Teufel zum Strafgericht. So soll der Mensch seine menschliche Natur und all seine Werke austragen: ohne Murren und frei von den Buckeln der Sünde, ohne Bedenken und wie einer, der im rechten Glauben lebt ... In der Vollendung des Glaubens werden sie erstrahlen wie die Sterne, die in der Ordnung, die der Schöpfer des Alls festgelegt hat, das Universum erleuchten ... Gott setzte zwei Leuchten ins Firmament, Sonne und Mond, die Sinnbild sein sollten für das Wissen von Gut und Böse im Menschen. Denn wie das Weltall durch Sonne und Mond gefestigt wird, so wird auch der Mensch im Wissen von Gut und Böse hierhin und dorthin geleitet. Und wie Sonne und Mond ihren Lauf vollenden, ohne ihren Umkreis zu mindern, so nimmt auch das gute Gewissen seinen Lauf, ohne das Böse zu missen, vielmehr unterdrückt es das böse Gewissen« (WM 43f.).

In einem komplizierten Ordnunsgefüge findet sich der Mensch vor. Und wenn er sich selbst recht erkennen will, dann muss er auf die Strukturen des Daseins mit ihrer Dynamik achten, weil alles auf ihn einwirkt und er seinerseits auch auf das Weltganze einwirken kann. Und es ist eine Spannungseinheit, die er in der äußeren Welt und im eigenen Innern vorfindet. Tag und Nacht, Licht und Dunkel, Wachsen und Abnehmen, sie bestimmen in ihrem Rhythmus den Verlauf des Lebens. Einerseits hat sich der Mensch dem Wachstums- und Entfaltungsgesetz einzuordnen, andererseits muss er aber auch Entscheidungen treffen und sich mit den positiven Kräften verbinden.

»Gott sah, dass das Licht gut war, weil es den Glanz Seines Antlitzes widerstrahlte, und so schied Er es von der Finsternis. Beide sollten ihre Aufgaben nicht miteinander vermengen, da von beiden das eine unvergänglich ist, das andere aber dem Schwinden verfällt. Von Gott stammt ja der Tag, weil Gott durch Sein Wort das Licht zuerst hervorgehen ließ, das er Tag nannte. Es ist nicht unser Sonnentag, sondern ein unaufhörliches Tagen, das in der Höhe von keiner Finsternis bedrückt wird. Und die Finsternis, sie ist nicht das, was vor dem Licht der Sonne flieht, sondern was in sich unaufhörlich Finsternis hat, die von keinem Licht erhellt werden kann. Die Finsternis aber, die über dem Angesicht des Abgrundes lag und die Er noch nicht erleuchtet hatte, nannte Er Nacht. Die Nacht, die des Tags entbehrt, ist blind. Der Tag aber ist von der Nacht getrennt. Von der Blindheit der Nacht geschieden, strahlt er in Herrlichkeit. So trennte Gott das Licht von den nächtlichen Finsternissen« (WM 205f.).

Die polar aufeinander bezogenen Gegensätze unterscheidet Hildegard also scharf von den unvereinbaren Widersprüchen. Tag und Nacht, irdisches Licht und nächtliche Dunkelheit sind solche Gegensatzpaare, aber daneben gibt es die »unaufhörliche Finsternis«, die als absoluter Widerspruch zum göttlichen Licht auftritt. Die Himmelskörper, vor allem Sonne und Mond, stehen für die kosmischen Leuchten, die als Garanten des natürlichen Rhythmus stehen.

»Die Aufgaben dieser Leuchten gründete und teilte Gott in Tag und Nacht, weil von diesen beiden Unterscheidungen, dem Tag und der Nacht, alles dem Menschen Notwendige abhängt. So sollte der Mensch mit der Vernunftgabe durch die Zeichen dieser Lichter erkennen, welcher Art diese und jene Kreatur sei, wie ferner die Zeiten der Tage, der Nächte, der Jahre durch diese einzelnen Zeichen benannt würden und dass diese Lichter, die am Firmament entzündet sind, auch die Erde beleuchteten und alles, was auf ihr ist« (WM 223).

Hildegard schaut zum Himmel, sie beobachtet die unterschiedlichen Himmelslichter, erkennt die Eigenart der Mondphasen und möchte dabei verdeutlichen, in welchem Spannungsfeld auch der Mensch steht.

»Gott hat durch Sein Wort die beiden großen Leuchten hell erstrahlen lassen: das größere am Tage, ein kleineres aber bei Nacht, wobei das eine fest in seiner Ordnung steht und weder wächst noch abnimmt, während das andere mit den Zeichen am Firmament wächst und schwindet. Mit diesen beiden Lichtern hat Gott vorausgesehen, wie Er Sein Werk, und das ist der Mensch, in seiner doppelten Natur zur Vollendung bringe« (WM 223).

Die Polarität in der Schöpfung spiegelt sich also auch im Menschen, er ist sonnenhaft und mondhaft, er ist dem Tag und der Nacht zugeordnet.

Das Dauerhafte ist in ihm und das Schwankende und Veränderliche nicht minder. Weil er das Lichthafte in sich wahrnehmen kann, wird ihm auch seine Verantwortung bewusst werden, dem Licht zugeordnet zu bleiben und der Neigung zu einer Verfinsterung des Herzens nicht zu verfallen. In das Gesamt kosmischer Bezüge verflochten, spürt der Mensch gerade dann, wenn er den Sternenhimmel beobachtet, seine Berufung zum Licht.

»Im kreisenden Lauf des Lichtes erwies Gott die Vollkommenheit Seines Werkes. Er fand es bereit zu Seinem Dienst und wunderschön und fern von aller Finsternis« (WM 224).

Solange die Schöpfung in Bewegung ist und ihr wahres Ziel sucht, braucht sie die Festigkeit und die Beweglichkeit. An den Sternen können wir beides beobachten, vor allem aber ist es die gefügte Ordnung, die uns trösten kann, die Verlässlichkeit ihrer immer wiederkehrenden Rhythmik.

»Gott hat durch die Weisheit das Firmament gesetzt und es mit den Kräften der Gestirne wie mit einem Schlüssel gesichert, so wie der Mensch sein Haus mit Schlüsseln sichert, dass es nicht verkommt. Die Sterne stehen dem Mond zur Seite, der von der Sonne entzündet wird und bei seinem Schwinden sein Licht den Sternen spendet. Die Weisheit ließ ihn nach dem uralten Ratschluss mit der Sonne, indem der Mond der Erde Feuchtigkeit zuflößt, fruchtbar werden für den Menschen, der da ist ›die ganze Schöpfung‹. Die Sonne weist hin auf die Gottheit, der Mond auf die unermessliche Zahl menschlicher Geschlechter; beide aber stellen die Zierde der Weisheit dar« (WM 278).

Mann und Frau

»Wenn der Mann allein wäre oder die Frau allein bliebe, würde kein Mensch entstehen können. Und so existieren Mann und Frau als eine Einheit, da der Mann gleichsam die Seele, die Frau aber der Leib ist.

Und Er segnete sie ... und er gebot den Menschen, dass sie im Wachstum sich mehren und an Menge zunehmen, dass sie auf Sein Geheiß hin die Erde erfüllen und diese sich unterwerfen sollten. Wo die Erde nämlich vom Menschen bebaut wird, dort kann sie in Fruchtbarkeit ausbrechen. Sie sollten herrschen über die Tiere, die im Wasser schwimmen und in der Luft fliegen. Mit der Weite ihrer fünf Sinne sollten sie all diese überragen und auch alle Lebewesen, die die Bewegung der lebendigen Luft über der Erde haben, auf dass sie diese alle mit der Herrlichkeit ihrer Vernunft beherrschen« (WM 235).

Im Anschluss an den biblischen Schöpfungsbericht stellt Hildegard die Berufung des Menschen zur Ehe heraus. Es ist ja nicht gut, dass der Mensch allein sei, und wenn die Menschen den Auftrag Gottes erfüllen sollen, sich auf der Erde auszubreiten und eine fürsorgliche Herrschaft zu errichten, dann müssen sie zueinander finden und sich geschlechtlich vereinigen. Mann und Frau sind zwar verschiedenartig, aber sie haben die gleiche Würde und in beiden findet sich etwas vom Geheimnis der Ebenbildlichkeit Gottes.

»Er schuf den Menschen, und zwar den Mann als ein Wesen von größter Kraft, die Frau aber von weicherer Stärke. Er ordnete beider Gestalt in dem rechten Maß an Länge und Breite in all ihren Gliedern, wie Er auch die Länge, Tiefe und Breite der übrigen Geschöpfe im richtigen Verhältnis festgesetzt hat, auf dass keins von ihnen das andere ungebührlich überschreite. So hat Gott die gesamte Schöpfung im Menschen gezeichnet. In sein Inneres aber legte Er die Ähnlichkeit mit dem Engel-Geist, und das ist die Seele« (WM 234).

Mit einer staunenswerten Offenheit und Direktheit stellt Hildegard die gegenseitige Hinordnung der Geschlechter, ja geradezu Abhängigkeit von Mann und Frau voneinander heraus. In ihrer Paraphrase des biblischen Schöpfungsberichtes betont sie, dass die beiden Geschlechter so aufeinander bezogen sind, dass sie eigentlich erst durch den jeweils anderen zu sich selbst finden.

»Dem (ersten) Menschen fehlte noch eine Hilfe, die ihm gleichkäme. So gab Gott ihm eine Gehilfin in der Gestalt des Weibes, gleichsam einer Spiegelgestalt, in der das ganze Menschengeschlecht latent vorhanden war. Dies tat Gott in Seiner mannhaften Schöpfungskraft, so wie Er auch den ersten Mann in Seiner gewaltigen Kraft hervorgebracht hatte. Mann und Frau sind auf eine solche Weise miteinander vermischt, dass einer das Werk des anderen ist. Ohne die Frau könnte der Mann nicht Mann heißen, ohne Mann könnte die Frau nicht Frau genannt werden. So ist die Frau das Werk des Mannes, der Mann ist ein Anblick voller Trost für die Frau, und keiner vermöchte es, hinfort ohne den anderen zu leben. Der Mann ist dabei ein Hinweis auf die Gottheit, die Frau auf die Menschheit des Sohnes Gottes. Und so sitzt der Mensch auf dem Richterstuhle der Welt. Er beherrscht die gesamte Schöpfung« (WM 164f.).

In dieser kühnen Passage wird auf bewundernswerte Weise die Verbundenheit der Geschlechter herausgearbeitet. Weil der Mann alleine und die Frau alleine immer nur einen Teilbereich des Menschlichen repräsentieren, müssen sie zusammenkommen und sich gegenseitig zu einer volleren Menschwerdung verhelfen. Wenn der Mann mit der Gottheit Christi und die Frau mit der Menschheit des Gottessohnes verglichen werden, ist damit keine Wertunterscheidung gemeint, es geht vielmehr um die intensive Einswerdung verschiedener Komponenten. Dasselbe gilt natürlich auch für den Vergleich mit Seele und Leib. Manchmal spürt man in den Formulierungen Hildegards einen schalkhaften Unterton. Sie scheint den scheinbar so selbstverständlich wirkenden Dominanzwünschen der Männer Recht zu geben, macht aber im Nebensatz deutlich, wie gefährlich diese Dominanz wird, wenn das weibliche Element nicht mit berücksichtigt wird.

»Der Mann besitzt mehr Schaffenskräfte als die Frau. Die Frau aber ist ein Quell der Weisheit und ein Quell der Freudenfülle. Beides bringt der Mann zu Vollendung« (B 50).

Da wird dem Mann durchaus bescheinigt, dass er mehr Schaffenskräfte besitzt. Was wären sie aber, wenn sie nicht ergänzt und erfüllt würden mit Weisheit und Freude? – Und der Frau kommt schon grundsätzlich eine besondere Würde zu, weil sie »als Gebärerin die Wurzel des ganzen Menschengeschlechtes« ist (WM 202). Sie ist als Mutter (mater) der Erde nah (materia), und die Erde kommt ihr zu Hilfe (MW 203). Sie verfügt über das »überaus kräftige Hilfsmittel des Trostes«, versteht die

»Geheimnisse des Herzens« und kann die »Nahrung des Heiles« vermitteln und zur »Heilung der Seelen« beitragen (WM 202).
Hildegard hat ja durch ihre Briefe, ihre Reden und Predigten mit einer ungemein engagierten Offenheit in die politische und innerkirchliche Situation ihrer Zeit hineingewirkt und sich kein Blatt vor den Mund genommen. Auch in ihren Schriften kommt dieses frauliche Selbstbewusstsein zum Ausdruck, wenn sie z.B. schreibt:

> »Auch mit der Frau sollte die Kirche aufgebaut werden« (WM 237).

Den Frauen allerdings rät Hildegard nicht aggressives und auftrumpfendes Verhalten, sondern Zurückhaltung, die aber mit einem gesunden Selbstbewusstsein gepaart sein soll.

> »Daher ist es nur gerecht, wenn die Frau ein zurückhaltendes Wesen an den Tag legt. Gerade darin bildet sie gleichsam das Haus der Weisheit, weil in ihrem Wesen das Irdische wie das Himmlische zur Verwirklichung kommt. Auf der einen Seite ist durch sie ja der Mensch ins Leben getreten, andererseits leuchten aber auch aus ihrem Wesen alle guten Werke in scheuer Keuschheit. Würde sie diese Ehrfurcht nicht kennen, so könnte sie auch nicht die Scheu der Keuschheit pflegen, würde vielmehr wie ein Natterngezücht alles anstechen, was sie nur könnte. Die ehrfurchtsvolle Frau aber sammelt allen Reichtum guter Werke und heiliger Tugendkraft in ihrem Schoß, und sie lässt nicht ab, bis sie alles Gute vollbracht hat« (MV 69).

Als Ordensfrau hat Hildegard – wie man sich denken kann – den Stand des jungfräulichen Menschen besonders geschätzt und herausgestellt. Aber sie betont daneben auch die Wichtigkeit des ehelichen Lebens.

Den Eheleuten ist die »Vermehrung des Samens innerhalb der Völker anvertraut« (WM 238). Und der Bund der Verheirateten ist ihr auch so wichtig, dass sie es nicht unterstützen möchte, wenn ein Mann oder eine Frau den Partner verlässt, um sich dem klösterlichen Leben anzuschließen.

»Wie es unmöglich ist, dass der Mensch gesund bleibt, wenn man den einen Fuß am Körper lässt und den anderen abschneidet, so ziemt es sich nicht, dass von zwei Ehegatten der eine die Welt verlässt, der andere in der Welt bleibt, wenn beide im ewigen Leben die ihnen zugedachte Herrlichkeit finden wollen. Eine solch unüberlegte, unkluge Trennung ist nicht eine Opfergabe, sondern ein Raub. Darum sollen die, die durch eine gesetzliche Ehe verbunden sind, einträchtig beisammen leben. Nur bei gegenseitiger Zustimmung wäre unter Gutheißung der kirchlichen Oberen eine Lösung möglich, denn im Evangelium steht geschrieben: ›Was Gott verbunden hat, das soll der Mensch nicht trennen‹« (WW 186).

Mancher mag staunen, wenn Hildegard so häufig von der »Schwachheit des Weibes« spricht, denn sie selbst ist ja alles andere als schwach gewesen. Manchmal kann man geradezu das Augenzwinkern beobachten, die leichte Ironie, mit der sie dieses Thema behandelt.

»Gott hatte den Mann stark geschaffen, schwach aber das Weib, dessen Schwäche die Welt hervorbrachte« (MV 193).

So »schwach« ist die Frau, dass durch sie alles in der Welt geboren wird. Stärke und Schwäche sind aber auch polar gegenüberstehende Gegensatzpaare, die sich bedingen und ergänzen. Das macht Hildegard sogar in der polaren Spannung des Gott-Menschen Jesus Christus deutlich.

»Die Gottheit ist stark, das Fleisch des Gottessohnes aber schwach, durch das doch die Welt ihr früheres Leben zurückerhält.«

Die »Stärke« ist auf die »Schwäche« angewiesen, und im Miteinander und Zusammenwirken kann das Gestalt gewinnen, was zum Leben kommen soll.

»Der Bräutigam nimmt in seiner großen Freude seine Braut im Verlöbnis auf in das Liebesnest seines Herzens, um ihr dann in seiner großen Liebe alle Schätze und seine ganze Ehre zu schenken« (MV 193).

November

Der elfte Monat

»Der elfte Monat kommt gebückt. Er baut die Kälte auf. Keine Sommerfreuden hat er aufzuweisen. Er bringt die Schwermut des Winters. Die Kälte bricht aus ihm heraus, fällt über die Erde und wühlt den Schmutz auf. Dem gleicht der Mensch, wenn er die Knie beugt, damit die Kälte ihn nicht durchdringe. Beugt er so in Trauer seine Knie, dann häuft er in seinem Herzen schmerzvolle Gedanken, hält sich für nichtigen Schmutz und findet nicht mehr den Aufschwung zur Freude. Erinnert er sich doch in dieser seiner Herzenstrauer daran, dass die Knie des Menschen von Natur aus – in seinem ersten keimhaften Zustande – gebeugt gewesen sind. Ähnlich schwach wird auch der alternde Mensch wieder durch die Kälte; er vermag die Fröhlichkeit seiner Jugendzeit nicht mehr zu halten. Infolge der schwächenden Austrocknung, in der er wie dürr ist und von krankhaften Säften überschwemmt wird, fängt er zu klagen an. Aus Furcht vor der Kälte schleppt sich solch ein Greis, da er seiner eigenen Natur kalt geworden ist, mit seinen Gliedern ans Feuer. Deshalb ist dieser Monat, der fern von den Freuden des Sommers, seine tristen Tage kalt dahingehen lässt, den Knien des Menschen zu vergleichen, die der Greis voll Schwermut krümmt, wenn er an seine ursprüngliche Lage denkt, da er genauso mit eingekrümmten Knien im Mutterleib wie eingeschlossen dahockte« (WM 162).

Es ist kein erfreuliches Bild, das Hildegard vom November zeichnet. Es herrscht Kälte, das Herz kann sich nicht mehr freuen, das Alter mit seinen Anfälligkeiten und Gebrechlichkeiten wird vor allem als Zeit der Trauer erlebt. Die Knie ordnet sie dem November zu: Wie das Kind in seinem Embryonalzustand eine gekrümmte Gestalt hat und auch das kleine Kind noch nicht richtig laufen kann, so findet sich auch der alternde Mensch wieder mit gekrümmten Gliedern vor. Der heranna-

hende Winter und der herannahende Tod werden also zusammen gesehen. Aber noch eine weitere Assoziation bringt Hildegard ein: Das funktionsunfähige Knie erinnert sie an das »unwissende Kindische« im Menschen und an die Ungläubigen.

»Wie ein Kind noch nicht laufen kann, da sein Mark und seine Knochen noch nicht gefestigt sind, weil es ja mit Milch und weicher Speise ernährt wurde; wie ferner selbst der erwachsene Mensch ohne Beine und Füße und Schenkel und Knien allein nicht gehen könnte, so waren sie, mit Wissen und Wollen ungläubig, leer vom Feuer des Heiligen Geistes, durch das sie Gott anerkennen sollten, und sie vermochten es nicht, auf dem richtigen Wege zu wandeln« (WM 178f.).

Hat also der November nur negative Eigenschaften, fällt nicht doch etwas Licht und eine Spur Hoffnung auf ihn? Nun, jede schwierige Zeit ist zumindest eine Phase der Besinnung und Umkehr. Hildegard weist darauf hin, der Mensch dürfe nicht »das Tageslicht der Heiligkeit unbeachtet« lassen und sollte nicht »sein Wesen und seine Herkunft« vergessen, um nicht »vom Geschmack seiner geistlichen Natur entfremdet« zu werden (WM 162f.). Anfällig bleibt der Mensch sein Leben lang, und gerade der Greis gerät in die Gefahr, sich ganz dem Lebensekel und der Resignation zu überlassen. Aber auch die Erneuerungskräfte wohnen noch in ihm. Vielleicht ist es kein Zufall, dass Hildegard auf die Embryonalzeit im Mutterschoß hinweist. Das ist zwar eine Phase, in der ein Mensch noch nicht wirklich zu sich gekommen ist, aber er hat alles noch vor sich, ist unverbraucht und unverdorben. Und auch im alten Menschen ist noch etwas von diesem Kind geblieben, das voller Verlangen ist, sich entfalten zu können.

»Und so verhält es sich auch mit der Seele, wenn sie mit ihren Kräften den Menschen derartig überwunden hat, dass er ihr zuliebe von seinem sündigen Tun eine Weile ablässt. Doch kann sie es nicht verhindern, dass der Mensch weiter die Begierde nach der Sünde in sich trägt. Dann seufzt sie auf in ihrem Gefäß – jenem Körper, dem sie einwohnt –, weil sie den ganzen Körper durchdringt und in Bewegung versetzt, wie ein Wind, der durchs Haus bläst, seine Seiten erzittern macht und mit seinem Wehen durch Höhlungen und Fensteröffnungen jagt« (WM 162).

Hildegard wird nicht müde, der menschlichen Seele eine erweckende Kraft zuzusprechen. Was zunächst wie Zerfall und Untergang aussieht, kann auch der Beginn neuen Lebens sein.

»Die Erde ist durch die Wärme des Sommers und die Kälte des Winters immer in einem schmutzigen Zustande, und dieser Schmutz macht sie zum Fruchttragen bereit. Auf diese Weise muss auch der Leib die Seele, wie die Magd der Herrin, unterworfen sein, wiewohl sie durch den Körper, wie die Herrin durch ihre Magd, oftmals überwunden wird. Sie schafft alles Gute im Menschen, wie auch die Sommerszeit alle Früchte zum Reifen bringt ... Und wie die schmutzige Erde zur Winterzeit alle Früchte in sich bewahrt, um sie dann im Sommer den Menschen zur Freude hervorzubringen, so schmückt auch der Mensch seine früheren Tugenden mit kostbaren Edelsteinen und gibt sie nur um so schöner zurück« (WM 122f.).

Über Schwermut und Lebensekel

»Wie die Aussätzigen von den Gesunden und Reinen isoliert leben, damit sie mit ihnen in keinerlei Berührung kommen, so haust auch der Schwermütige abgetrennt von allen Gotteskräften und leuchtet in keinerlei Glanz mehr. Dennoch bleibt die Ähnlichkeit mit einem Menschen gewahrt. Während sich nämlich alle übrigen Geschöpfe im Gehorsam zu Gott glücklich wissen, stößt der Mensch sich selber durch teuflische Verführung ins Unglück der Schwermut. Diesen Zustand vertieft er in der Schwärze zahlreicher überflüssiger Verdrehtheit gleich wie verdrehtes Haar« (MV 113).

Wir werden vielleicht nicht ganz so resolut über einen Schwermütigen zu Gericht sitzen, aber es mag sein, dass Hildegard nicht selten Menschen begegnete, die sich »fahrlässig« in die Schwermut treiben ließen und vielleicht noch mit ihrem »schweren Schicksal« kokettierten, um das Mitleid ihrer Zeitgenossen zu gewinnen. Man spürt den Widerwillen Hildegards, wenn sie Menschen begegnet, die von sich sagen: »Gott will und kann uns nicht helfen, da wir zu solch gewaltigem Unglück geboren sind, dass uns keinerlei Hilfe mehr kommen kann« (MV 129). – Solchen Menschen gibt sie einen heftigen Rippenstoß, damit er sich auf seine Kräfte besinnt.

»Der Mensch ist von Natur aus gut. Es liegt allein am Menschen, wenn er seine Natur in ihr Gegenteil verkehrt, indem er seinem Fleisch die Zügel schießen lässt, so wie es diesem gerade die Lust steht« (MV 129).

Aber Hildegard hat noch Schlimmeres erlebt. Wie soll man mit einem Menschen umgehen, der nicht mehr in der Lage ist, ein Licht zu sehen, sondern sich der Verzweiflung anheimgibt?

»Was ist das doch für ein furchtbares Entsetzen! Und wer könnte mich trösten! Wer vermöchte mir beizustehen, um mich dieser Katastrophe, die mich zermalmt, zu entreißen? Das Höllenfeuer ist aufgeloht rings um mich her, und Gottes Strafeifer warf mich weg in den Höllenschlund. Was bleibt noch übrig für mich, wenn nicht der Tod? Keine Freude am Guten habe ich und auch keinen Trost mehr an der Sünde. Auf der ganzen Welt gibt es nichts Gutes mehr!« (MV 141)

Ist ein Mensch in diesem Zustand noch erreichbar für Mahnung und Weckruf? Hildegard schickt die »spes«, den »Hoffnungsträger« zu diesem Verzweifelten, er soll versuchen, ob man nicht doch noch einen Funken Vertrauen wecken kann.

»Alle Belohnung kommt von Gott allein, und jede Beurteilung des Bösen stammt von Ihm. Warum also hältst du dir dein Verderben schon vor, wo du noch gar nicht verurteilt bist ... Kein Mensch, der etwas Gutes erreichen will, soll sich selbst sein Verderben vorhalten ... Ich, die Hoffnung, sitze in Sehnsucht am Throne Gottes. In Treue umarme ich all Seine Werke; ich bringe alles Tun zur Vollendung und ziehe so die ganze Welt an mich« (MV 142).

Es ist erstaunlich, wie genau Hildegard die Symptome und Phänomene des Schwermütigen und des Verzweifelten umschreiben kann. Das sind keine Aussagen, am Schreibtisch erdacht, sondern in der Konfrontation mit den Betroffenen artikuliert.

»Das, was du siehst, ist wahr. Was könnte solchen Menschen, die die Verzweiflung in sich hochkommen lassen und die auf die Güte Gottes nicht mehr vertrauen, die mit ihrem Gott vielmehr umgehen, als sei Gott gar nicht da, anderes bevorstehen als der Tod? ... Es sei ihnen nicht gestattet, dass sie sich in noch größere Verzweiflung hineinsteigern, da sie sich in ihrer äußersten Verzweiflung schon gar manches Herzensleid dieses Übels wegen zufügen ... Die Verzweiflung verletzt den Leib des Menschen, und sie tötet seine Seele ... Zu sich selber spricht sie: ›Was ist das alles schon, was Gott gemacht hat? Wo werde ich selbst dabei zu stehen kommen, wenn nicht im Verderben?‹ So wird die Verzweiflung von allem Guten weggerissen und damit aus dem Glauben hinausgeworfen« (MV 172).

Hildegard breitet ein ganzes Spektrum verschiedener »Fehlformen« seelischen Verhaltens vor uns aus. Die »Stumpfsinnigen« sind mit »Blindheit des Geistes« geschlagen, sie verhalten sich töricht und eben stumpfsinnig, lieben nichts Rechtschaffenes, sondern gleiten in eine »schlüpfrige Verdrossenheit« ab. In ihrem Müßiggang werden sie zu »ausgehöhlten Menschen«, die schließlich nur noch im Überdruss und Ekel vegetieren. »Im Müßiggang vegetieren sie lässig dahin, um dann doch zu behaupten, sie wollten nur in Ruhe und Frieden leben« (MV 195).
Die »Verschlossenen« geraten in eine geistige Enge, »als wäre ihr Herz mit Pech verklebt und verleimt«. »Sie schwätzen und handeln so, als gäbe es Gott gar nicht. Was wirklich gut ist, kennen sie nicht; das Zarte der Frömmigkeit wollen sie nicht«, in ihrem Verhalten sind sie hart und rau (MV 201).
Und wer sich hemmungslos dem »Weltschmerz« hingibt, kann in seinem

Leben keine Sinnhaftigkeit mehr erkennen, die Freude kann nicht mehr wahrgenommen werden.

»Weh mir, dass ich geschaffen bin! Weh! Was soll mein Leben! Wer wird mir beistehen, wer mich retten? Wüsste Gott um mich, so könnt mich doch solche Not nicht treffen ... Mir jedenfalls hat Gott im Großen und Ganzen nichts Gutes erwiesen. Wenn Gott auch mein Gott ist, warum verbirgt er alle seine Huld vor mir? Würde Er mir auch nur etwas Gutes erweisen, so hätte ich einen Beweis für Sein Dasein. Ich weiß ja nicht einmal, was ich selber bin. Geschaffen zum Unglück und im Unglück geboren, lebe ich ohne jeden Trost dahin. Ach, was nützt denn das Leben ohne Freude! Und warum bin ich überhaupt auf Erden, wo mir doch nichts Gutes mehr begegnen kann?« (MV 228).

Das Gefühl der Sinnlosigkeit wird also am eigenen Leib und der eigenen Existenz erfahren. Alles ist hohl und verworren, einen wirklichen Stand kann man nicht gewinnen. Hildegard vermutet, dass die Enttäuschung der eigenen Erwartungen zu dieser radikal pessimistischen Weltsicht geführt haben.

»Wenn nämlich die Geizhälse nicht das kriegen, was sie wollen, fallen sie in eine Traurigkeit, aus der sie sich nicht leicht erheben können ... Dieser Lebensform fehlt alle Grünkraft, und sie bleibt ohne allen Schutz der Seligkeit« (MV 244).

Im Innern dieser Menschen ist etwas zerstört, eine elementare Liebesfähigkeit, die in der Lage wäre, Werte wahrzunehmen, die Schönheit zu erkennen, Glück zu verkosten.

»Daher bringen sie weder für sich noch für ihre Mitmenschen irgendetwas an Liebe auf, da sie weder in freudigen noch in traurigen Tagen, weder in glücklichen noch in unglücklichen Verhältnissen jemals ein dauerhaftes Vertrauen zeigen ... Überall, wo sich die Menschen dem Weltschmerz überlassen, stürzt die Anfechtung des Gemütes sie in Zweifel, während sie sich doch durch eine geistige Haltung gleichsam wie mit der Rechten gegen den Weltschmerz wehren sollten ... Weder an Gott noch an der Welt haben sie eine rechte Freude, noch können sie voll und ganz auf ihr eigenes Werk bedacht sein ... Sie leben wie eine Unke, die sich fern von aller Freude und allem Frohsinn des Himmels wie der Erde verkriecht« (MV 245).

Wie soll man einer solchen Lebenseinstellung begegnen? Kann ein Schwermütiger oder ein dem Weltschmerz Hingegebener aus dieser Lethargie herausgerissen werden? – Hildegard ist sich wohl darüber im Klaren, wie schwer ein solches Unterfangen ist. Aber sie lässt Gestalten auftreten, die in ihrer Existenz Alternativen anbieten, die eine andere Einstellung zum Leben haben, zur Welt, zum ganzen Dasein. So legt die »himmlische Freude« ihr Existenzverständnis dar.

»Ich besitze hier schon die himmlische Heimat, da ich alles, was Gott erschuf, mit rechten Augen ansehe, während du nur von schändlichen Dingen sprichst. Ich nehme die Blüten der Rosen und Lilien und die ganze Grünheit zärtlich ans Herz, indem ich allen Gottes-Werken ein Lob singe, indes du nur Schmerzen über Schmerzen daraus häufst. Denn bei all deinem Tun bist du so trübselig! ... So mache ich es nicht: All mein Tun schenke ich vielmehr meinem Gott. Auch in der Traurigkeit steckt noch Freude, und in aller Freude ruht ein Glück« (MV 228f.).

Die Welt hat ein doppeltes Gesicht, wer nur auf die dunkle und bedrohliche Seite schaut, hat schließlich keinen Blick mehr für die helle Seite. Wer nur »mit der wertlosen Seite in einem Einvernehmen« steht (MV 229), blendet sein Auge und vermindert seine Wahrnehmung. Hildegard weiß um die Traurigkeit, aber sie hat eine aufregende Entdeckung gemacht: Wer der Traurigkeit nicht ausweicht, kann selbst darin noch eine verborgene Spur der Freude entdecken. Wir müssen die Gegebenheiten und Bedingungen der Schöpfung nehmen, wie sie sind; wenn wir aber nicht an der Oberfläche stehen bleiben, sondern tiefer eindringen in ihr Geheimnis, können wir immer wieder neu eine Sinnspur entdecken, die uns tröstet und zuversichtlich macht.

Vom Leben und vom Sterben

»Der Mensch ist gesund, dessen Farbe auf den Wangen rötlich oder hellrot durch die Haut leuchtet, so dass diese Farbe unter der Haut wie bei einem Apfel sichtbar wird, der ganz klar und blank ist. Er hat das Kennzeichen des Lebens, wenn auf diese Art die rötliche Farbe auf seinen Wangen durch die Haut hindurchscheint, wie es mit einer weißen Wolke geschieht, durch die mitunter eine glasklare Wolke scheint. Solch einer kann leben und wird so bald nicht sterben. Denn das erwähnte Wangenrot unter der Haut bedeutet den feurigen Hauch des Lebens, das heißt der Seele, weil die Seele Feuer ist. Auf diese Weise zeigt sich auf den Wangen, dass die Seele in ihrem Leibe sicher wohnt und ihn nicht so bald verlassen wird« (H 263).

Hildegard ist eine Botin des Lebens, sie richtet ihre Botschaft von der Berufung des Menschen zum Leben aus, aber sie verschweigt auch nicht die Todesverfallenheit des Menschen und die Gefahr, dass er dem »zweiten Tod« verfallen kann. Und weil sie ihr ganzes Leben mit vielen Menschen umgegangen ist, mit Gesunden und mit Kranken, weil sie zur Heilung mancher Kranker beitragen konnte und sicher auch beim Sterben vieler Menschen anwesend war, entwickelte sie einen Blick für die Heilungschancen der Kranken und hat wohl auch nicht selten Menschen auf das Sterben vorbereitet.

Wer Gott nahe ist und sich ihm und seiner Gnade öffnet, der hat Anteil am Leben, an dem Leben, das diesen Namen wirklich verdient. Wer sich vor Gott verschließt und sich von ihm abwendet, der wählt den Tod. Dass wir im Leben sind, ist nicht unser Verdienst, wir haben es geschenkt bekommen, und weil mit diesem Geschenk auch eine Aufgabe verbunden ist, haben wir kein Verfügungsrecht über unsere eigene Existenz.

»Keiner von euch kann die Tage seines Lebens wissen, daran vorbeikommen oder darüber hinwegspringen. Von Mir – spricht Gott – ist euch die Zeit des Lebens gesetzt. Ist deine Heilszeit erfüllt, dann wirst du die gegenwärtige Weltzeit eintauschen gegen die, die keine Grenze kennt« (WM 117).

Das Lebendürfen ist also ein Geschenk, das nicht zurückgewiesen werden darf, sollen wir doch »köstliche Früchte in lieblichem Duft zur Reife« bringen. Alles, was wir sind und haben, ist uns gewährt, wir erhalten es aus Gottes Hand, ohne darauf Anspruch erheben zu können.

»Kein Mensch kann leben oder über seine Lebensdauer verfügen als allein gemäß der Frucht, die Ich in ihm erschaue – spricht

Gott – und gemäß meinem Willen, mit dem Ich ihm zu leben gestatte« (WM 117).

Der Mensch mit seinen Möglichkeiten und geistigen Kräften wird von Hildegard hoch eingeschätzt. Jeder trägt seine Berufung in sich und muss seinen Platz im Ganzen der Schöpfung suchen. Wer Leben in sich spürt, ist auch ›mit seinem Namen‹ erkannt und angerufen.

»Denn vor der Grundlegung der Welt habe Ich, o Mensch, um dich gewusst« (WM 117).

Aber es gibt ja auch die Abkehr von Gott, die Trennung vom Quell des Lebens. Das bringt Hildegard immer mit der dämonischen Versuchbarkeit des Menschen in Verbindung.

»Der Teufel will nur eins: die Seelen dem Tode ausliefern. Er sucht nur das zu tun und kann nichts anderes machen und kann es kaum ertragen, bis er das, was er tun will, ausgeführt hat« (WM 182).

Der Name des Widersachers ist »Tod«, weil er immer nur zum Sterben anstiften kann und das wahre Leben flieht. Er ist aber auch von einem tief sitzenden Ressentiment erfasst, so dass er nicht zulassen will, dass andere zum wahren Leben kommen.

»Die alte Schlange sät in ihrem Hass eine hässliche Verschwörung unter den Menschen aus, damit sie einander vernichten. Und sie sprach: ›Sterben lassen will ich die Menschen; noch mehr sollen sie ruiniert werden, als ich schon verloren bin. Wenn ich schon nicht sein kann, sollen sie auch nicht sein.‹« (WM 196).

Gott aber ist der Liebhaber des Lebens und will nicht den Untergang des Menschen. Deshalb kann man vom Todesatem des Verderbens befreit werden durch die Umkehr und die Gnade des Neuanfangs.

»Und so werde ich in meinen Sünden nicht sterben, wenn ich mich in tätiger Reue erhebe, vielmehr werde ich in Ewigkeit leben durch die wahre und reine Bußgesinnung, die ich Gott gegenüber besitze. Dem Tode derart entrissen, werde ich des Herren Wundertaten künden, in Gottesfurcht und in Liebe zu Ihm; hat Er mich doch nicht dem Tod überlassen, sondern mich entrissen dem Verderben der Hölle« (WM 51).

Wer sich also dem Inbegriff des Lebens verbunden fühlt, für den hat das irdische Sterben seinen schlimmsten Schrecken verloren. Hildegard schaut auf das Schicksal der Märtyrer und gewinnt dadurch Kraft für das eigene Leben.

»Sie haben ihre Seelen nicht so geliebt, dass sie sie bei sich im Körper zurückbehielten, sondern ließen sie bis zum Tode ihres Leibes voranschreiten, indem sie ihre Leiber unter zahlreichen Schmerzen dem zeitlichen Tod anheimgaben, wodurch sie auch eben ihre Seelen dem allmächtigen Gott zurückgaben. Denn als Märtyrer eilten sie in den Tod ... Darum freuet euch, ihr, die ihr im Himmel wie auf Erden eure Wohnung habt« (WM 316).

Es ist also eine große Zuversicht, die Hildegard im Leben wie im Sterben behält. Auf den Lebensspender kann sie sich verlassen, aus seiner Hand kann sie nicht fallen. Was auch immer geschieht, die Verbundenheit mit Gott bleibt.

»Ich, der ich Gott zu folgen trachte, indem ich Gutes tue, ich glaube und zweifle nicht, dass ich das Gute sehen werde, das dem Herrn des Alls gehört, und zwar in jenem Land, in dem die Seligen leben, die da keine Gefahr des Todes mehr befürchten« (WM 218f.).

Letztlich sind »Leben« und »Liebe« identisch, deshalb muss der Mensch immer mehr ein Liebender werden, um zum wahren Leben umgewandelt zu werden.

»So erstrebe der Mensch die Liebe, auf dass er den Tod vertreibe und zur Vollkommenheit des Lebens gelange« (WM 283).

Von Zeit und Ewigkeit

»Alles, was Gott gewirkt hat, hatte Er vor dem Beginn der Zeit in Seiner Gegenwart. In der reinen und heiligen Gottheit leuchteten alle sichtbaren und unsichtbaren Dinge ohne zeitlichen Augenblick und ohne Zeitablauf vor aller Ewigkeit, so wie sich Bäume und andere kreatürlichen Dinge in nahe liegenden Gewässern widerspiegeln, ohne doch körperlich in ihnen zu sein, wenngleich ihre Umrisse in diesem Spiegel erscheinen« (WM 28).

Der Gedanke des »Vorauswissens« Gottes ist Hildegard besonders wichtig. Bevor Zeit und Raum entstanden, bevor sich die ganze Schöpfung bildete, da war doch schon Gott in seiner Herrlichkeit, er brauchte keine Zeit, weil sein Dasein ein ewiges Heute, eine immerwährende

Gegenwart ist. Und in diesem »währenden Jetzt« waren auch schon alle zeitlichen Abläufe verborgen anwesend, der ganze Schöpfungsverlauf, der sich dann in der Schöpfungsgeschichte entfalten sollte.

»Gott hatte alle Seine Werke vor der Ausgestaltung vorausgeschaut. Als sie bei der Erschaffung bildhafte Form gewannen, blieben sie nicht leer, sondern wurden mit Leben erfüllt. Fleisch würde ohne diese Lebenskraft nicht Fleisch sein, wie dieses ja auch sogleich verfällt, wenn die Lebenskraft entwichen ist« (WM 181).

Wir Menschen – und alles, was hier auf der Erde leibliche Gestalt bekommen hat – sind in die Zeitlichkeit hineingestellt, sind der Veränderung ausgesetzt, können wachsen und uns entfalten, müssen aber auch mit dem zeitlichen Ende dieser Existenz rechnen. – Während aber die Tiere und Pflanzen blind dieser Gesetzlichkeit unterworfen sind, kann der Mensch die Zeit erkennen, sie beobachten, darüber reflektieren.

»Gott setzte den Mond so ein, dass er auf die Zeiten Bezug habe, auf dass er alle Zeiten säuge, gleich wie eine Mutter ihr Kind nährt, zuerst mit Milch, später mit fester Speise. Bei seinem Schwinden ist der Mond geschwächt, weshalb er gewissermaßen wie mit Milch die Zeiten säugen lässt; bei seinem Wachsen hingegen nährt er sie gleichsam mit fester Speise. Für die Sonne hat Gott es so bestimmt, dass sie über die Erde leuchten und unter der Erde sich verborgen halten solle. Deshalb strahlt sie tagsüber auf der Erde, wie auch ein Mensch bei Tag mit offenen Augen wachsam lebt; nachts aber geht sie unter die Erde, wie auch ein Mensch bei Nacht mit geschlossenen Augen schläft. So ist der Mensch erdenhaft seinem fleischlichen Wesen nach, himmlischer Art jedoch in seiner

Seele nach der Höhe des Himmels. Und er kennt die Zeit der Zeiten, weil er durch alles lebendig in Bewegung gehalten wird« (WM 164).

Hier wird das zeitliche Auf und Ab noch in einer beinahe mythischen Sprache dargelegt: Der Mond »nährt« die Zeit, und weil er das wandelbare Element der Himmelskörper ist, deshalb können wir gerade am Mond unsere Stimmungsschwankungen ablesen. Immerzu sind wir einem rhythmischen Wandel ausgesetzt. Das trägt aber auch zu unserer seelischen Balance bei, »weil der Mond es ist, der mit seiner natürlichen Kraft den Körper des Menschen im Gleichgewicht hält« (WM 54). Und da wir Wärme und Kälte brauchen, den hellen Tag und die dunkle Nacht, das aktive Tätigsein und den gelassenen Schlaf, deshalb wechseln Sonne und Mond ihre Herrschaft ab. »Die Sonne würde vieles versengen, würde ihr nicht der Mond entgegenstehen, indem er die Sonnenglut mit seiner Feuchte und Kühle mäßigt« (WM 54). Aber es ist doch vor allem die Sonne, die an die Ewigkeit gemahnt, während der Mond für das zeitliche Geschehen steht.

»Gott sah, dass das Licht gut war, weil es den Glanz Seines Antlitzes widerstrahlte, und so schied Er es von der Finsternis. Beide sollten ihre Aufgaben nicht vermengen, davon beiden das eine unvergänglich ist, das andere aber dem Schwinden verfällt. Von Gott stammt ja der Tag, weil Gott durch Sein Wort das Licht zuerst hervorgehen ließ, das Er Tag nannte. Es ist nicht unser Sonnentag, sondern ein unaufhörliches Tagen, das in der Höhe von keinerlei Finsternis bedrückt wird« (WM 205f.).

Wir Menschen sind in die Zeit hineingesetzt und sollen das Unsere in diesen Zeitläuften tun, wobei uns die Liebeskraft Gottes den nötigen Rückhalt bietet. Hildegard hört die Stimme des Menschensohnes:

»Mit lebendigen Augen habe Ich die Zeiten der Zeit unterteilt, wohl bewusst, was sie sein könnten und wie das alles sei. Mein Mund gab Meinem eigens berufenem Werke den Kuss, jenem Gebilde, das Ich aus dem Erdenleben machte. In einzigartiger Weise habe Ich dieses Werk liebend umarmt. Und so habe Ich es durch den feurigen Geist verwandelt zu einem Leibe. Und ihm gab Ich alle Welt zu Diensten« (WV 286).

Aber die Zeit hat ihre Grenzen, sie läuft auf ihr Ende zu und hat ein ›Mündungsgebiet‹: die Ewigkeit.

»Sonne, Mond und Sterne funkelten in voller Leuchtkraft und Schönheit wie der herrlichste Schmuck am Himmel. Und sie standen still, ohne kreisende Bewegung, so dass sie keine Scheide mehr bildeten zwischen Tag und Nacht. Es war nicht mehr Nacht, es war Tag. Das Ende war gekommen ... Denn dann ist der Weltenlauf zu seinem Abschluss gelangt. Die Erde kann nicht weiterbestehen. Nach göttlicher Bestimmung erreicht sie ihr Ende. Wie der Mensch, wenn sein Ende naht, von vielen Schwächen überfallen und niedergeworfen wird, so dass er sich unter großem Leiden auflöst, wenn die Stunde seines Todes gekommen ist, so eilen auch dem Weltenende große Widerwärtigkeiten voraus und lösen die Welt bei ihrem Ende durch mannigfache Schrecknisse auf« (WM 335).

Hildegard entwickelt in ihren Werken eine umfassende Geschichtsschau. Dem zeitlichen Anfang der geschaffenen Welt geht die Ewigkeit Gottes voraus, und in dieses zeitlose »Meer« mündet alles das, was sich entwickelt hat, wieder.

»In sechs Tagen hat Gott seine Werke vollbracht. Fünf Tage bedeuten die fünf Weltenzahlen. In der sechsten Zahl wurden neue Wunder auf der Erde kund, gleichwie am sechsten Schöpfungstag der erste Mensch gebildet ward. Nun aber ist die sechste Zahl zu Ende und zur siebten Zahl herangereift. In ihr, gleichsam am siebten Tag, dem Tag der Ruhe, bewegt sich der Weltenlauf« (WW 325).

Dezember

Der zwölfte Monat

»Der zwölfte Monat ist mächtig kalt. Die Erde wird hart und friert. Winter bedeckt das Land mit gefrorenem Schaum und macht es lästig und beschwerlich. Mit diesen Eigenschaften werden die Füße des Menschen verglichen, die so vieles niederstampfen, breittreten und so die Erde eindämmen, damit sie sich nicht erhebe und man auf ihr stehen kann. Auch die Seele eines Menschen, der im Zorn das Blut eines Mitmenschen vergossen hat oder ihm rachsüchtig ein anderes Unrecht antat, wird auf das schwerste befleckt. Wie der Körper nach dem Ausscheiden der Seele ohne Wärme ist und kalt bleibt, so wird auch die Seele ohne die Glut der Gaben des Heiligen Geistes durch den Zorn verhärtet und vergisst ihre eigene Natur, in der sie doch vor dem Angesichte Gottes wie mit warmen Blute erscheint. Wie Kain es mit dem Blute seines Bruders getan hat, so wendet sich nun die Seele von Gott ab. Im Zorne nämlich kocht das Blut über; verlassen von allen rechten Sinnen benimmt sich der Mensch wie wahnsinnig. Durch Zorn und Schmähsucht ins Widervernünftige verwirrt, wendet er sich mit Herz und Mund von aller Seligkeit ab, ist neidisch auf seinen Bruder und das Gute in ihm, soweit ihm dies in Gedanken und Worten möglich ist« (WM 163).

Was sich schon in der Kennzeichnung des November abzeichnete, das setzt sich in der Schilderung des Dezember fort: Es ist die Zeit der Erstarrung der Natur, der bitteren Kälte und der Unfruchtbarkeit der Erde. Und wenn sie an den Menschen denkt, dann fällt Hildegard vor allem der in der Lieblosigkeit erstarrte Verbrecher ein, der sich wie ein Wüterich benimmt und voller Zorn und Hass zum Zerstörer wird.

»In der Verhärtung solch ungerechter Bahn kann der Mensch weder die Süße der Heiligkeit besitzen noch den Samen guter Werke ausstreuen. Auch schwingt er sich in dieser Verhärtung, die immer mehr zunimmt, nicht mehr zu den himmlischen Dingen auf. Blind für die Werke einer guten und heiligen Erkenntnis, kann fortan ein solcher Mensch die Freuden der Heiligkeit, die er in seinem Zorn befleckt hat, nicht mehr besitzen; gleich einem Kamel ist er beladen mit dem Gestank seiner Sünden, und er befleckt sich immerfort« (WM 163).

Jedem Monat hat Hildegard ja auch einen Körperteil oder ein Organ zugeordnet, beim Dezember sind es die Füße. Sie denkt dabei an das brutale Niederstampfen und Breittreten. Füße können sehr grob sein, wenn sie als Waffen benutzt werden und einen anderen Menschen nicht nur durch die Tritte verletzten und ihm Schmerzen zufügen, sondern ihn auch entwürdigen und ihm seine Ehre nehmen.
Aber die Füße haben ja auch ganz andere Möglichkeiten und Aufgaben: Durch sie wird der Mensch beweglich, kann ausschreiten und die Welt entdecken. Hildegard selbst kennzeichnet das so:

»Die Bewegung der Hände und Füße deutet hin auf die Freude der Seele an guten Taten. Halten sie indes in dieser Bewegung an, dann bedeutet dies, dass diese Seele in schlechtem Tun Trauer und Schmerz zu empfinden hat« (WM 119).

Wir sollen also unsere Hände und Füße gebrauchen, sollen dankbar sein für diese Gabe der Beweglichkeit. Es fragt sich nur, was wir mit diesem Geschenk anfangen.

»Gott ließ auch in den Füßen des Menschen große Wundertaten in Erscheinung treten. Wie die Füße den ganzen Körper aufrecht halten und ihn nach Belieben tragen, so hält auch der Glaube den Namen Gottes mit allen sichtbaren und unsichtbaren Wundern, mit allem, was erkannt oder nicht erkannt werden kann, auf kraftvolle Weise aufrecht und trägt ihn großartig überall hin. Sowohl des Menschen Körper als auch seine Taten können erblickt werden« (WM 180).

Ist es nicht so, dass wir in den winterlichen Wochen Ausschau halten nach dem Frühling, wenn sich die Tage wieder längen, die Erde sich begrünt, und in uns die Lust erwacht, wieder tätig zu werden und die Arme und Beine zu gebrauchen? Der Glaube bekommt wieder deutlichere Impulse, als hätte auch er unter einer eisigen Schneedecke gelegen und bräuchte die österliche Sonne des neuen Lebens.

Weihnachten – Gott wird Mensch

»O wie überwältigend ist die Freude, dass Gott geruht hat, Mensch zu werden: Er, der als Gott in den Engeln west, ist menschlich im Menschen! Deswegen hat Gott den Menschen zu Seinem Gewande und zu der Vollzahl bestimmt, die nimmer vom Menschen weichen wird« (WM 235).

Die Menschwerdung des *Wortes* ist im heilsgeschichtlichen Verständnis Hildegards ein Teil des großen Schöpfungsplanes Gottes. Das Erlösungswerk Jesu ist nicht nur ein Sühnewerk der menschlichen Schuldhaftigkeit, sondern war immer schon im großen Plan des Schöpfers vorgesehen. Hildegard versteht die ganze Menschheitsgeschichte (einschließlich der alttestamentlichen Offenbarung) als Vorbereitung auf das Fest der Menschwerdung und das Kommen des Heilandes.

»Der Sohn der Morgenröte ist das Wort Gottes, das in der strahlenden Weiße unversehrter Jungfräulichkeit unverletzt empfangen und ohne Schmerzen geboren, sich dennoch nie vom Vater trennte. Denn als der Sohn Gottes auf Erden aus der Mutter geboren wurde, erschien Er im Himmel im Vater, so dass die Engel alsbald erzitterten und frohlockend honigfließende Lobgesänge anstimmten. Er, der ohne Sündenmakel in der Welt wandelte, entsandte lichteste Beseligung – durch Lehre und Belehrung – in das Dunkel des Unglaubens« (WW 151f.).

Gott liebt seine Schöpfung und den Menschen, davon ist Hildegard zutiefst überzeugt. Deshalb ist auch das Fest der Menschwerdung eine Liebesfeier, weil an ihm die Gottesliebe in unvergleichbarer Weise sichtbar wird. Schon bei der Erschaffung Adams kündigt sich die Erhebung des »Fleisches« an.

»Fleisch und Leben und das Leben mit dem Fleische sind ein einziges Leben. Dies war Gottes Absicht, als Er in Adam durch den Geist, den Er ihm einhauchte, Fleisch und Blut kräftigte; denn schon damals hatte Er jenes Fleisch im Auge, in das Er sich einzuhüllen gedachte. Und Er hatte es brennend lieb« (WM 182).

In den Aussagen Hildegards über das Weihnachtsgeheimnis fehlen völlig die gefühlvollen Hinweise auf Krippe und Armut, auf den Stall und die

Hirten. Von einer romantischen Verbrämung hielt sie nicht viel. Sie legt den Akzent auf die theologischen Zusammenhänge und betont immer wieder, wie durch dieses Geschehen der Mensch aufgewertet und geheiligt wurde.

»Mensch geworden ohne die Schuld, wohnte das *Wort* wie ein Mensch unter uns. Es verachtete unser Menschtum keineswegs; sind wir doch auch mit dem Geisthauch eines lebendigen Menschen versehen und nach Seinem Bild und Seiner Ähnlichkeit gestaltet. Deshalb wohnen wir auch in Ihm. Denn wir sind Sein Werk. Er trägt uns immerdar in Seiner Vorsehung und vergisst unser nicht« (WM 183).

Hildegard jubelt über diese dauerhafte Zusage zum Menschen, zu seiner leiblichen Gestalt, der Würde des Fleisches. Wenn man den Menschen betrachtet und etwas von seinem Geheimnis erkennt, dann hat man gleichzeitig etwas vom Gottesgeheimnis verstanden.

»Von diesem Gewand wird sich die Gottheit nie wieder zurückziehen« (WM 234).

So sehr steht die Menschwerdung im Zentrum des göttlichen Heilsplans, wie Hildegard ihn wahrnimmt, dass der Tag der Geburt Jesu als der siebte Tag des Schöpfungswerkes, als Gottes »siebentes Werk« angesehen werden kann (WM 241). Und sie sucht immer neue Bilder und Vergleiche, um diesem Mysterium Ausdruck zu verleihen.

»Wie der Tau in die Erde, bist Du in sie eingegangen, bist nicht gegründet aus eines Mannes Wurzel, sondern aus der Gottheit, so wie ein Strahl der Sonne die Erde erwärmt, damit ihr Keim hervorsprieße. Aus diesem Keimgrund bist Du ohne Verletzung und Schmerz, gleichsam wie im Schlafe, in ihr entsprossen, so wie Eva aus dem schlafenden Manne genommen ward« (WM 260).

Noch ein anderer Gedanke bewegt Hildegard immer wieder: Gott ist demütig, er entäußert sich seiner Hoheit, er macht sich klein, gibt sich in unscheinbarer Gestalt in unsere Hände. Es ist für sie geradezu erschütternd, wie sehr sich der allmächtige Gott klein macht, um uns nahe zu sein.

»Der Schöpfer stieg hernieder, um den Menschen an sich zu ziehen. Ich hatte – spricht die Demut – in den Höhen beim Schöpfer meine Heimat und stieg nieder mit Ihm auf die Erde, und so kann ich an allen Enden der Erde wohnen ... Mit Gott duchdringe ich alle Finsternisse« (MV 134f.).

Der Sieg Gottes über die dämonischen Mächte wird gerade mit diesem Abstieg in die Niedrigkeit in Verbindung gebracht.

»Denn Gott, der sich aus der armseligen Natur des Menschen das Kleid Seiner Menschwerdung aus dem jungfräulichen Fleische der Jungfrau Maria anzog, liebte sehr die Niedrigkeit, durch die Er den Hochmut und die Bosheit des Teufels überwand« (WM 135).

»Die Demut Deiner Menschwerdung hat all Dein Werk durchtränkt, so wie der Tau vom Himmel zur Benetzung auf die Erde fällt« (MV 239).

Die Freude über das weihnachtliche Geschehen umfasst Himmel und Erde. Der »höchste Vater« wird in seiner Freude mit der menschlichen Mutter verglichen, die zum ersten Mal ihr neugeborenes Kind anschaut.

»Eine Mutter freut sich nach der Geburt, wenn sie das Kind anblickt, das sie aus sich geboren hat, indem sie zu ihm hinseufzend spricht: ›Das ist mein Sohn.‹ So hat auch der höchste Vater von Seinem Sohn gesprochen: ›Heute habe Ich Dich gezeugt‹ (Ps 2,7). Dieses ›Heute‹ ist die Ewigkeit, in der Er Seiner Gottheit nach immerfort gleichen Wesens mit dem Vater ist« (WM 218).

Viele Lieder, Hymnen und Antiphonen hat Hildegard gedichtet und die jeweiligen Melodien dazu komponiert. Ein Weihnachtslied im eigentlichen Sinn ist nicht darunter, aber die vielen Marien-Antiphonen haben einen weihnachtlichen Charakter.

»O Lebensgrund, Maria, sei gegrüßt,
du hast das Heil neu aufgebaut,
den Tod erschüttert ...,
da du den Gottessohn vom Himmel hast geboren,
durch Gottes Geist dir eingehaucht.
O liebliche und liebevolle Mutter, sei gegrüßt,
du hast der Welt geboren deinen Sohn,
vom Himmel her gesandt,
durch Gottes Geist dir eingehaucht« (L 215/17).

Maria wird als Repräsentantin der Erde verstanden: Sie verschließt sich nicht gegenüber dem Anruf Gottes, so wird sie zu der großen adventlichen Gestalt, die durch ihr Jawort das Gnadenwirken Gottes ermöglichte.

> »O lichte Mutter der heiligen Heilkunst,
> durch deinen heiligen Sohn hast Salböl du gegossen
> in Wund und Wehe des Todes ...
> Mittlerin des Lebens und Freude voll Glanz,
> Köstlichkeit jeglicher Wonnen, die allzeit dir eigen!
> Bitt deinen Sohn für uns,
> du Meeresstern, Maria! (L 217).

Mit hymnischem Schwung besingt Hildegard die Anmut und den Liebreiz Mariens, weil sie zum Tor Gottes in unserer Welt wurde.

> »Schönste du und Lieblichste,
> o wie sehr hat Gott sich an dir entzückt,
> dass er so die Liebesglut
> in dich eingesenkt,
> dass sein Sohn von dir sich nährte.
> Voller Freude war dein Leib,
> da aus dir
> alle Symphonie des Himmels tönte,
> denn du, Jungfrau, strahlendhell in Gott,
> trugst Gottes Sohn.
> Und dein Schoß frohlockte
> gleich dem Gras, auf das der Tau sich senkt,
> wenn er ihm die Kraft zum Grünen eingegossen.
> So geschah es auch in dir,
> Mutter aller Freude« (L 223/25).

Von der Vollendung

»Gott hat aufgerichtet die Macht des unbesiegbaren Christus, Seines Sohnes, den Er zum wahren Priester für das Heil ihrer Seelen gesetzt hat. Denn es wurde hinausgeworfen in die ewige Verdammnis der hartnäckige Ankläger und der Nachsteller, der Unruhe stiftete unter denen, die wie wir Kinder Gottes sind und mit uns das himmlische Erbe besitzen sollen ... Daher freuet euch, ihr, die ihr im Himmel wie auf Erden eure Wohnung habt. Nach dem Fall des Antichristen aber wird die Herrlichkeit des Sohnes Gottes sich in ihrer ganzen Weite zeigen« (WM 315f.).

Gott hat – im Verständnis Hildegards – die ganze Schöpfung in eine große Bewegung versetzt. Sie ist in einem dauernden Wandel begriffen, die in ihr angelegten Kräfte sollen sich differenzieren und weiter entfalten – und schließlich soll die Schöpfung zu ihrem Ziel gelangen: im erfüllten Reich Gottes. Dieser Prozess geht allerdings nicht einfach als Wachstumsvorgang vor sich, sondern ist mit Kämpfen verbunden, wobei sich dunkle Mächte und dämonische Wesen mit einschalten. Aber Gott lässt seine Schöpfung nicht im Stich und sorgt dafür, dass am Ende nicht der Tod, sondern das Leben steht. – Während seines ganzen Lebens soll aber der Mensch schon von der Einstellung auf das Kommende und der Vorfreude auf die Vollendung bestimmt sein.

»Du, der du ein herrliches Leben samt der Ruhe der Ewigkeit zu besitzen trachtest, gedenke in deinen guten und heiligen Werken dessen, der dich schuf. Tu dies in den Tagen deines blühenden Lebens, in denen du wächst und reifst zur Heiligkeit, bevor dich jene Zeit ereilt, da Fleisch und Blut in dir nachlassen und deine Knochen schwach werden, bevor die Asche deiner Körperlichkeit in den Staub der Erde zerfällt, aus der du geworden, verwandelt zu einem anderen Leben, bevor auch der Geist, der deinen Leib zum Blühen bringt, diesen Körper verlässt, um heimzukehren zum Herrn aller Dinge, der diesem Leibe den Geist gab nach der Gnade seiner Schöpfungsordnung ... Wenn aber der Geist des Menschen auf rechte Weise vom Kreislauf guter Werke gelenkt wird, um zur nie endenden Ewigkeit der Freude heimzufinden, dann wird er das reinste Licht erblicken und den Gesang der Engel hören, wie Adam sie sah und vernahm, bevor er mit der Übertretung des Gebotes dem Tod verfiel. Und so wird er in höchster Sehnsucht das Gewand, das er auszog, wiederbekommen, um sich zugleich an ihm zu freuen« (MV 213).

Hildegard betont immer wieder, dass der Mensch in seiner jetzigen Verfassung nicht in der Lage ist, Gott zu schauen und ihm gleichsam von Angesicht zu Angesicht gegenüberzutreten. Dazu brauchen wir neue Sinne und einen verwandelten Leib. Aber in Bildern und Symbolen möchte Hildegard doch eine Ahnung des Erhofften vermitteln, damit dem Menschen durch die Vorfreude Kräfte zuwachsen für sein kämpferisches Leben.

»Dieses Paradies ist mit einem Blühen voller Lieblichkeit, das nie mehr welkt, geschmückt; und es ist vom allersüßesten Duft wohlriechender Kräuter durchdrungen. Mit zahlreichen Wonnen ist es erfüllt, in denen sich nun die Seelen jener erfreuen, die von jeder

Art ihrer Sündenschuld gereinigt sind. Bekleidet sind jene Seelen, die hier weilen, mit dem Gewand der Unsterblichkeit und mit jener Schönheit, die Adam verloren hatte, die sie nun aber in noch größerer Schönheit zurückerhalten. Denn die Seelen ... werden nun mit angenehmsten Schmucke geziert, so wie man auch den Leib eines Menschen mit gar edlen Dingen schmückt« (MV 287).

Dieser Eintritt ins Vollkommene wird als eine neue und wahre Geburt verstanden, so dass alles Bisherige daneben verblasst und wie ein Schatten zurückbleibt.

»Ist der Mensch entschlafen, so dass er nicht mehr zum Bösen wach wird, wird er jene Wohnungen bewusst erblicken. Wenn er dann Gott anschaut, hat er alle irdischen Dinge vergessen, gleich wie ein Mensch sich nicht erinnert, wie er geboren ward, obschon er doch weiß, dass er geboren wurde« (MV 291).

Aber es geht nicht nur um den Menschen, auch die ganze Schöpfung wird in diesen großen Vollendungsprozess hineingenommen, sie soll eine strahlende Gestalt bekommen und ihre Hinfälligkeit verlieren.

»Wenn aber die Weltstoffe vollendet sein werden, dann wird auch jener Schmutz, der bei Adams Fall geronnen ist, abgeschieden werden. Dann wird die Welt wieder strahlen, so wie sie in ihrem Urstand geleuchtet hat« (MV 263).

Auch wenn dieses Geschehen katastrophischen Charakter hat, soll der Mensch zuversichtlich seinen Weg weitergehen, weil er weiß, die Reinigung ist nötig, damit die neue Schöpfung heraufkommen kann.

»Wenn Gott dann das Vermögen Seiner Kräfte im Menschen vollendet haben wird, dann wird sich Seine Macht in den Wolken erheben. Er wird alsdann die Asche, durch welche die Weltelemente verdüstert sind, wegfegen, und dies vollführt Er unter solchen Erschütterungen, dass alle Dinge der Erde in eine Katastrophe geraten und jede Schuld, die noch am Menschen haften könnte, getilgt wird ... Alsdann werden die Elemente im neuen Glanz erstrahlen« (MV 267).

Der gebrochene und oft so hilflose Mensch braucht ein Zielbild, das ihm Mut macht: Einmal wird seine Gebrochenheit zu Ende sein, einmal seine Todverfallenheit überwunden sein.

»Nicht mehr wird der Mensch dann vom Alter und Überdruss befallen; lobsingend wird er immerzu neue Lieder anstimmen« (WM 182f.).

Es ist also kein Schreckbild, das Angst auslösen soll, sondern ein Hoffnungsbild, das Zuversicht weckt. Einerseits wird auf die Zerfallsprozesse hingewiesen:

»Alles, was auf Erden ist, geht seinem Ende entgegen. So neigt sich auch die Welt beim Zerfall ihrer Kräfte unter vielen Nöten und Zusammenbrüchen dem Untergang zu« (WW 320).

Andererseits liegt der Nachdruck ihrer Darlegungen auf der durchgehaltenen Hoffnung: Wir müssen die Wehen der Endzeit ertragen, damit das Neue und Endgültige geboren werden kann.

»Alsbald leuchteten alle Elemente in klarster Heiterkeit, als wenn ihnen eine schwarze Haut abgezogen worden wäre« (WW 335).

Hildegard von Bingen und ihre Zeit

Ein Überblick

1098 Hildegard wird als Tochter des Edelfreien Hildebert und seiner Frau Mechthild in Bermersheim bei Alzey geboren.
Zu dieser Zeit ist Heinrich IV. Kaiser des Römischen Reiches Deutscher Nation, Urban II. ist Papst, der vor seiner Wahl Prior von Cluny gewesen war. Er musste sich gegenüber einem Gegenpapst (Klemens III.) behaupten. – In Frankreich wird von Robert von Molesme der Zisterzienserorden gegründet. – In Mainz muss Erzbischof Ruthard nach Flandern fliehen. Er hatte beim Durchzug des Kreuzfahrerheeres die Juden nicht ausreichend geschützt, so dass über tausend abgeschlachtet worden waren.

1099 Der zweite Sohn Heinrich IV. wird zum König gekrönt. –
Das Kreuzfahrerheer erobert Jerusalem.

1104 Kaiser Heinrich IV. wird von seinem eigenen Sohn Heinrich (V.) gefangen genommen und auf Burg Böckelstein an der Nahe festgesetzt.

1106	Hildegard wird der geistlichen Erzieherin und Reklusin Jutta von Spanheim anvertraut, die eine Klause beim Benediktinerkloster Disibodenberg begründet hat; das Kloster liegt am Zusammenfluss von Nahe und Glan. Heinrich IV. wird von seinem Sohn Heinrich V. zur Abdankung gezwungen (in der Pfalz Ingelheim am Rhein).
1111	Heinrich V. nimmt den Papst Paschalis II. gefangen.
1112	Empfängt Hildegard von Bischof Otto von Bamberg den Schleier und legt ihre Gelübde ab (eventuell auch erst in den Folgejahren).
1116	Heinrich V. setzt Gregor VIII. als Gegenpapst ein.
1122	Wormser Konkordat. – Ende des Investiturstreites, das Übergewicht der Königsgewalt wird reduziert.
1125	Heinrich V. stirbt und wird im Speyrer Dom beigesetzt. – König wird Lothar von Sachsen.
1126	Norbert von Xanten, Gründer der Prämonstratenser, wird Erzbischof von Magdeburg.
1130	In Rom stehen sich gegenüber: der Papst Anaklet II. und der Gegenpapst Innozenz II. – Bernhard von Clairvaux unterstützt den Gegenpapst.
1133	Lothar wird im Lateran von Innozenz zum Kaiser gekrönt.
1136	Jutta von Spanheim stirbt, Hildegard wird als Nachfolgerin (Magistra) des Frauenkonvents gewählt.
1138	Konrad III. von Schwaben als erster Staufer zum König gewählt. Man will vermeiden, den mächtigen Welfen Heinrich den Stolzen zum König zu machen.
1139	Zweites Laterankonzil.
1141	Hildegard beginnt mit den Aufzeichnungen ihrer Schauungen, das Buch »Sci vias« entsteht im Laufe der nächsten Jahre. Bei den Aufzeichnungen helfen der Mönch Volmar und die Nonne Richardis von Stade.
1143	Die Klosterkirche der Abtei Disibodenberg wird von Erzbischof Heinrich I. von Mainz geweiht.

1145	Der Zisterziensermönch und Schüler Bernhards von Clairvaux, Bernardo Paganelli, wird Papst: Eugen III.
1146-47	Briefwechsel Hildegards mit Bernhard von Clairvaux.
1147-48	Trierer Synode. Der Papst Eugen III. sendet eine Kommission zum Disibodenberg, die Teile des Buches *Sci vias* mitbringt. Der Papst liest der Vollversammlung daraus vor.
1149	Zweiter Kreuzzug, an dem König Konrad und der junge Friedrich (Barbarossa) teilnehmen. Furchtbare Niederlagen, ganze Heere werden vernichtet. In Westeuropa kommt eine Krise auf: Ist das Papsttum noch der Verkünder des göttlichen Willens?
1150	Hildegard kann auf dem Rupertsberg bei Bingen ein eigenes Kloster gründen und siedelt mit etwa 18-20 Nonnen dorthin um.
1152	Friedrich I. Barbarossa übernimmt die Herrschaft. – In diesen Jahren verfasst Hildegard ihre natur- und heilkundlichen Schriften. Die Rupertsberger Kirche wird vom Mainzer Erzbischof Heinrich geweiht. Hildegard trifft in der Pfalz Ingelheim mit Kaiser Friedrich I. zusammen.
1154-55	Erster Italienzug Friedrichs.
1155	Am 18. Juni krönt Papst Hadrian IV., der einzige Engländer auf dem Papstthron, Friedrich zum Kaiser.
1158-61	Lange Erkrankung Hildegards. – Erste Predigtreise mainaufwärts.
1158-53	Hildegard verfasst ihre »Ethik«: »Liber vitae meritorum«.
1158-62	Zweiter Italienzug Friedrichs, Kampf gegen die lombardischen Städte.
1159	Reichstag in Besançon. Streit zwischen dem päpstlichen Legaten Roland von Siena und dem kaiserlichen Vertreter Rainald von Dassel über die Frage, ob die Kaiserkrone ein päpstliches *Beneficium* ist. – Nach dem Tod von Hadrian IV. werden zwei Päpste gewählt: Alexander III. und (von der kaiserlichen Partei) Viktor IV.
1160	Hildegards zweite Predigtreise nach Lothringen und an die Mosel. Das Konzil von Pavia bringt keine Klärung des päpstlichen Schismas, da Alexander nicht kommt.

1161-63	Hildegards dritte Predigtreise: Sie besucht Boppard, Andernach, Siegburg, Köln, Werden, wahrscheinlich auch Lüttich.
1163	Hildegard beginnt die Abfassung ihres Hauptwerkes: »Liber divinorum operum«. – Auf dem kaiserlichen Hoftag in Mainz trifft sie erneut mit Kaiser Friedrich zusammen. – Intensiver Briefwechsel in diesen Jahren mit Bischöfen, Äbten und weltlichen Herrschern.
1165	Konflikt des englischen Königs Heinrich II. mit seinem Kanzler, dem Erzbischof Thomas von Canterbury. An Weihnachten: Heiligsprechung Karls des Großen. Hildegard gründet in Eibingen bei Rüdesheim ein weiteres Kloster, das sie regelmäßig besucht.
1166-68	Vierter Italienzug Friedrichs. Das kaiserliche Heer wird in Rom durch eine Seuche weitgehend aufgerieben. – Rainald von Dassel, der Erzbischof von Köln, stirbt.
1168	Friedrich bestellt mit Calixt III. zum dritten Mal einen Gegenpapst. Hildegard hält zu Alexander III. und droht Kaiser Friedrich mit dem Gottesgericht.
1170	Vierte Predigtreise Hildegards nach Schwaben: Maulbronn, Hirsau, Zwiefalten.
1174	Der Mönch Gottfried wird Propst des Klosters Rupertsberg, er beginnt die erste Hildegard-Vita.
1174-78	Fünfter Italienzug Kaiser Friedrichs.
1177	Aussöhnung Friedrichs mit Papst Alexander.
1178	Konflikt Hildegards mit dem Mainzer Domkapitel wegen der kirchlichen Bestattung eines exkommunizierten Edelmannes auf dem Klosterfriedhof. Das Interdikt wird über das Kloster verhängt.
1179	Das Interdikt wird aufgehoben. – Am 17. September stirbt Hildegard auf dem Rupertsberg.

Quellennachweis/Abkürzungen

Die wörtlichen Zitate Hildegards sind der Ausgabe der Werke Hildegards von Bingen entnommen, die im Otto Müller Verlag, Salzburg, erschienen sind.
Die unten angegebenen Abkürzungen bezeichnen das jeweilige Werk, die Ziffer die Seitenzahl in der deutschen Ausgabe.

WW	Wisse die Wege (Sci vias), übertragen von Maura Böckeler, 1955.
MV	Der Mensch in der Verantwortung (Liber vitae meritorum), übertragen von Heinrich Schipperges, 1972.
WM	Welt und Mensch (Liber divinorum operum), übertragen von Heinrich Schipperges, 1965.
B	Briefwechsel, übertragen von Adelgundis Führkötter, 1965.
L	Lieder, herausgegeben von Pudentiana Barth, Immaculata Ritscher und Joseph Schmidt-Görg, 1969.
H	Heilkunde, übertragen von Heinrich Schipperges, 1957.

DAS GRUNDLAGENWERK

Otto Betz
Mit einem Beitrag von Felicitas Betz
HILDEGARD VON BINGEN
Gestalt und Werk
247 S. Zahlr. farb. Abb. Geb. mit SU
ISBN 3-466-36445-0

In Werk, Gestalt und heutige Bedeutung der Hildegard von Bingen führt dieses Buch umfassend ein. Ihre mystische Schau, ihre Zeit, ihre Lieder und Briefe, ihre großen Schriften mit den wunderbaren Miniaturen werden einfühlsam erschlossen.

Kösel-Verlag, München  **online:** www.koesel.de